KB059549

이능의 발견

TENSAISEI GA MITSUKARU SAINO NO CHIZU

Copyright © 2023 by Yu SUZUKI
All rights reserved.
First published in Japan in 2023 by Kizuna Publishing.
Korean translation rights arranged with PHP Institute, Inc.
through Korea Copyright Center Inc.

이능의 발견

내 안의
남다름을
이끌어내는
법

스즈키 유 **지음**
송해영 **옮김**

세종

추천의 말

자기계발서 대부분이 "이것을 갖춰야 한다", "이것이 성공의 길이다"라고 말할 때 이 책은 단호하게 "아니다"라고 선언한다. 자신의 장점과 단점, 기질과 재능의 이면을 깊이 있게 살펴봄으로써 진정으로 나를 긍정하는 방법을 제시한다. 이 책에서 말하는 이능과 텐던시의 발견이야말로 우리를 유능하게 행위하도록 이끄는 핵심 요소다.

기록학자이자 《파서블》의 저자
김익한 명지대학교 기록정보과학전문대학원 교수

"혹시 길을 잃었다면 고양이를 따라가라.
고양이는 길을 잃지 않는다"
— 찰스 M. 슐츠, 만화《피너츠》작가

질문으로 찾는 Q&A 목차

'타고나는 것'에 관해

남들보다 조금(?) 더 오래 산 냥선생과 앞이 보이지 않는 인생을 헤매는 제자. 유쾌한 두 사람이 '재능'에 관해 이야기합니다.

'재능이란 뭘까?'
'내게도 재능이 있을까?'
'재능은 어떻게 발견할 수 있을까?'
누구나 한번쯤 고민한 문제일 것입니다.

사회의 높은 벽에 가로막힌 사람,
취업 준비를 앞둔 사람,
인생을 포기하고 싶지 않은 사람들에게.

오랜 궁금증을 속 시원히 해결해 주면서도
때로는 어딘지 모르게 어설픈
두 사람의 세계를 지금부터 살짝 들여다볼까요?

【 등장 인물 및 고양이 】

냥선생

모르는 것이 없는 고양이. 120세.

제자

20대 직장인. 세후 월급 200만 원.

인생은 '이능 배틀'이다

제자 스승님! 재능을 갖고 싶습니다!

냥선생 갑자기 무슨 말이지?

제자 일상은 평범하지, 연봉은 적지, 장점이나 특기라고 할 만한 것도 없지……. 재능 있는 사람들이랑 비교하니까 저 따위는 별것 아닌 존재처럼 느껴져서요.

냥선생 무슨 말인지 잘 모르겠지만, 풀이 죽은 모양이군.

제자 네. 그래서 재능이 없는 사람은 어떻게 살아가야 하나 고민하고 있었어요.

냥선생 **아니, 재능은 있어. 재능은 누구나 갖고 있거든.**

제자 네? 힘내라고 그냥 하는 말 아니에요?

냥선생 그렇긴 해. 사실 재능이란 건 세상에 존재하지 않으니까.

이능의 발견

제자	지금 저 놀리시는 거죠?
냥선생	그렇지 않아. 재능이라는 건 있다면 있고 없다면 없는 것이거든.
제자	무슨 말인지 전혀 모르겠어요.
냥선생	설명하기 전에 단어의 뜻부터 분명히 짚고 넘어가자. '재능이 있다'라는 말은 무슨 뜻일 것 같나?
제자	음……. 태어날 때부터 뛰어난 능력을 지니고 있고, 그 능력 덕분에 모든 사람에게서 인정받는 것 아닐까요.
냥선생	그렇다면 그 정의대로 이야기를 풀어나가 보자. **자기 혼자 만족하는 것이 아니라 주위에서도 인정받을 만큼 높은 성과를 내는 상태면 되겠지?**
제자	그렇죠. 나 혼자 만족해 봐야 재능이라고 부르기는 힘드니까요.
냥선생	애당초 왜 재능을 갖고 싶은 건데?
제자	내 안에 숨은 재능을 발휘해서 주위에서 인정받으면 인생이 재밌어지지 않겠어요?
냥선생	맞아. 그 생각에 틀린 부분은 없어. 재능의 이점을 조사한 연구는 아직 없지만 '주위에서 인정받는 것'의 이점은 몇 번이나 밝혀졌거든. 예를 들어 캘리포니아대학교 버클리 캠퍼스에서는 MBA 학생을 대상으로 주위 사람으로부터 얼마나 존경받는지 조사했네. **그러자**

친구나 직장 동료의 존경을 받는 사람은 연봉이 많은 사람보다 행복도가 더 높은 것으로 나타났어.◆ 3,974명을 대상으로 한 비슷한 연구에서도 고소득자보다 지역 주민이나 커뮤니티의 존경을 받는 사람이 더 큰 행복을 느끼면서 살고 있었지.◆◆

제자   돈보다 주위 사람들의 인정이 더 중요하군요.

냥선생   심지어 **주위에서 능력을 인정받는 사람은 수명도 더 길었어.** 아카데미상 관련 자료를 조사한 연구에 따르면 어떤 부문이든 간에 상을 받은 배우는 아깝게 후보로 그친 배우보다 평균 수명이 3.6년이나 더 길었지.◆◆◆ 비슷한 연구 결과는 그밖에도 많은데 노벨상 수상자

◆   캘리포니아대학교 버클리 캠퍼스 캐머런 앤더슨Cameron Anderson 교수가 진행한 연구.[1] 수입보다 주위 사람들의 존경이 중요한 이유에 관해 연구진은 "돈으로 행복을 살 수 없는 이유 중 하나는 인간이 새로운 수입이나 부의 수준에 금방 적응하기 때문이다. 반면 사회적 지위가 갖는 영향력은 시간이 지나도 거의 감소하지 않는다"라고 말했다.

◆◆   에모리대학교 연구진은 중저소득 국가 3개국(과테말라, 필리핀, 남아프리카)의 출생 코호트 데이터를 기반으로 커뮤니티 내에서 존경받는 정도와 주관적인 행복도 간의 관계를 살펴봤다.[2] 그 결과 모든 데이터에서 커뮤니티 구성원들의 존경과 행복감 사이에 관련이 있는 것으로 나타났다.

◆◆◆   토론토대학교 연구진은 아카데미상과 연관된 1,649명의 데이터를 분석해 상을 받은 배우와 받지 못한 배우의 수명을 비교했다.[3]

이능의 발견

는 평균 수명이 1.6년, 아쿠타가와상(1935년에 제정된 일본의 대표 문학상—옮긴이) 수상자는 6.4년 정도 더 길다고 해.[*] 이유는 여러 가지가 있겠지만, 주위에서 인정을 받아 행복도가 높아지면서 건강 상태가 좋아졌기 때문일 테지.

제자 　행복해지는 것만으로도 모자라 오래 살기까지 하다니, 장점밖에 없네요. 역시 재능을 찾아내서 주위 사람들로부터 인정받아야겠어요!

냥선생 　그렇다면 이야기는 간단하지. 자신의 재능을 찾으려면 재능이 있는지 없는지 하는 쓸데없는 일은 생각하지 말고, 한 가지 진실만 기억하면 돼.

제자 　그 진실이란 게 뭔가요?

냥선생 　한마디로 말해 이렇단다.

인생은 '이능 배틀'이다.

[*]　　오사카대학교 연구진은 아쿠타가와상 관련 관측 데이터 381건을 분석해 상을 받은 작가와 후보로 그친 작가의 수명을 비교했다. 그 결과 아쿠타가와상을 받은 작가의 30년 이내 사망확률은 후보로 그친 작가보다 27~28퍼센트 낮은 것으로 나타났다.[4]

이것만 제대로 이해하면 재능에 관해 더 생각할 필요가 없어.

제자 무슨 뜻이죠? 이능 배틀은 만화나 소설 장르 중 하나 잖아요? 초능력처럼 특수한 힘을 가진 캐릭터들이 서로 싸우는 이야기 말이에요.

냥선생 맞아. 이 장르에서 가장 유명한 작품은 만화인 《죠죠의 기묘한 모험》3부겠지만, 다양한 능력자가 힘을 겨루는 이야기의 토대를 만든 건 1960년대에 붐을 일으킨 야마다 후타로의 소설 '닌포초忍法帖 시리즈'일 걸세. 하지만 더 과거로 거슬러 올라가면 다키자와 바킨의 요미혼(読本, 에도 시대 후기에 유행한 전기 소설—옮긴이)이나 그리스 신화 등에서도 그 씨앗을 찾을 수 있는 데…….

제자 이능 배틀물의 역사는 됐고요. 그게 재능과 무슨 관계가 있다는 거죠?

냥선생 **《원숭이와 게의 싸움》**이라고 들어 본 적 있나?

제자 갑자기요? 게를 죽인 나쁜 원숭이를 무찌르는 전래 동화잖아요.

냥선생 그래. 이 이야기에서 원숭이는 주먹밥을 들고 가는 게를 보고는 땅에서 주운 감 씨와 주먹밥을 바꾸자고 꼬드기지. 감 씨를 심어서 나무가 자라면 감을 얼마든지 먹을 수 있다면서. 하지만 나무가 자라고 감이 잔뜩 열려도 게는 감을 먹을 수가 없었다네. 나무를 탈 수가 없었거든. 원숭이는 자기가 따주겠다며 나무에 올라가 딱딱한 땡감을 따서 게를 향해 던졌어. 그 바람에 게는 새끼를 낳고 숨을 거두었지. 게의 친구인 밤, 절구, 벌, 소똥은 그 소식을 듣고는 원숭이에게 복수하겠다고 다짐한다네. 밤과 절구, 벌, 소똥은 **하나같이 원숭이를 이기기 힘든 캐릭터지만, 포기하지 않고 각자 자신이 가진 '재능'을 발휘하지.**

제자   화로에 구워진 밤이 튀어 오르고, 문 앞에 놓인 소똥이 원숭이를 자빠뜨리잖아요. 마지막에는 지붕에서 절구가 떨어지고요.

냥선생   그렇지. 하지만 이 작전에서 캐릭터 배치가 바뀌면 큰일이 벌어져. 문 앞에 절구가 놓여 있다거나 화로에 소똥을 굽는다거나 지붕에서 밤이 떨어진다 한들 원숭이에게는 아무런 타격도 줄 수 없지 않겠니.

제자   소똥은 가열해 봐야 연료밖에 안 되니까요.

냥선생   문제는 각자 가진 재능이 봉인되어 있었다는 사실이야. 소똥이 가진 미끄러운 성질, 밤이 가진 뜨거워지면 터지는 성질, 절구가 가진 무게와 같은 재능을 살리지 못하면 원숭이에게 복수할 수 없었을 테지. 그런 의미에서 《원숭이와 게의 싸움》은 일본에서 가장 오래된 이능 배틀물이라고 할 수 있어.

제자 음, 결국 '적재적소'가 중요하다는 뜻이죠? 그거야 당연한 말이잖아요.

냥선생 맞아, 무척이나 당연한 말이지. 하지만 그렇게 당연한 말을 실천하지 못하고 지금도 재능 때문에 고민하는 사람이 있는 건 어째서일까?

제자 앗, 그렇게 말씀하시면…….

냥선생 자네들 인간이 재능을 발휘하지 못하는 이유는 세 가지라네. 구체적으로 살펴보면 이렇지.

1. '취미'나 '특기'로 재능을 찾으려고 한다.
2. 성공을 보장하는 '특별한 능력'이 있다고 생각한다.
3. 인생은 '날 때부터' 정해진다고 믿는다.

대부분 이런 이유로 자신의 진정한 재능을 썩히고 있어. 이 점부터 짚고 넘어가지 않으면 '나는 왜 재능이 없을까' 하는 고민은 언제까지고 계속되겠지.

제자 뭐라고요? 취미나 특기로 재능을 찾으면 안 된다고요? 게다가 성공을 보장하는 능력이 없다는 건 또 무슨 말이죠?

이능의 발견

냥선생   너무 서두르지는 말고. 그리고 하나 더, 자기만의 능력을 발휘하려면 재능에 관한 세 가지 법칙을 알아둘 필요가 있네.

재능의 법칙 1. 인생은 '이능 배틀'이다.

재능의 법칙 2. 재능이란 집단 내 '텐던시'가 인정받는 상태다.

재능의 법칙 3. 규칙이 애매한 세계일수록 이능 배틀에서 이기기 쉽다.

제자   무슨 말인지 잘 모르겠어요…….

냥선생   그럼 자세히 설명하도록 하지. 우선 자네들이 재능을 발휘하지 못하는 세 가지 이유부터.

이 책의 구성

이 책은 2부로 구성되어 있습니다.

'문제편'인 1부는 '재능'에 관해 흔히 퍼져 있는 오해를 다룹니다.

주위에서 흔히 접할 수 있는 오해를 알아보면서 타고난 능력을

올바르게 활용할 수 있도록 생각의 토대를 다집니다.

'해결편'인 2부는 앞서 1부에서 설명한 문제를 해결하고 자신

이 가진 능력을 일상에서 발휘하기 위한 활동을 진행합니다. 재

능을 발견하는 방법은 여러 가지가 있지만, 그중에서도 연구를

통해 효과가 입증된 방법을 엄선했습니다. '문제편'과는 달리 실

제로 손을 움직이면서 스스로를 분석하고 자신의 재능을 활용하

는 여정을 짜는 것이 목적입니다.

‘해결편’부터 읽어도 이 책의 목적은 달성할 수 있지만, 재능에 관한 기본 지식이 없으면 ‘해결편’에서 진행한 활동을 제대로 활용하기 힘듭니다. 따라서 멀리 돌아가는 것처럼 보여도 ‘문제편’의 내용을 익힌 다음 ‘해결편’으로 넘어가는 것이 지름길입니다.

차
례

제1부 문제편
재능이 존재하지 않는 이유

제2부 해결편
텐던시만 알면 재능을 찾을 수 있다

제1부
문제편

재능이
존재하지 않는
이유

취미와 특기를 기준으로
재능을 찾으면 안 된다고?

관심사는 끊임없이 바뀐다

냥선생   **사람이 자신의 재능을 발휘하지 못하는 첫 번째 이유는 '좋아하는 일'이나 '잘하는 일'을 기준으로 재능을 찾으려 하기 때문이라네.**

제자   그건 좀 아닌 것 같은데요. 좋아하는 일은 애써 노력하지 않아도 계속할 수 있으니까 실력이 쭉쭉 늘잖아요. 그러니까 좋아하는 일을 파고들다 보면 '재능'이 저절로 몸에 배지 않을까요?

냥선생   그게 바로 재능에 관해 가장 흔히 하는 착각이지.

제자   그럴 리가요! 다들 '좋아하는 일이 곧 재능'이라던데

요. '노력하는 자는 즐기는 자를 이길 수 없다'라는 말
도 있고요.

냥선생　못하는데도 그 일을 즐기는 사람도 있지.

제자　그, 그렇긴 하죠.

냥선생　물론 학계에는 좋아하는 일을 추구할수록 행복 지수가
높아진다는 연구 결과가 꽤 있어. 실제로 2022년에 이
루어진 한 조사에서도 취미에 푹 빠진 사람일수록 삶
에 대한 만족도가 높게 나왔고.◆

제자　그럼 좋아하는 일을 추구하는 게 맞지 않나요?

냥선생　삶에 대한 만족도만 놓고 보면 그렇지. 하지만 아쉽게
도 지금까지의 사회과학 연구를 통틀어 봤을 때 **좋아
하는 일을 하면 사회적으로 성공할 수 있다는 주장을 뒷
받침할 만한 데이터는 거의 없고, 오히려 일의 능률이
떨어진다는 연구 결과는 흔히 볼 수 있어.**
한 연구진이 직장인을 대상으로 자기 일을 좋아하는

◆　캘리포니아주립대학교 프레즈노 캠퍼스 연구진은 297명을 대상으로 일
에 대한 열정과 행복의 관계를 검증했다.[1] 그 결과 업무 내용 자체를 좋아하는 피험
자는 일상생활에 대한 만족도, 주관적인 행복감, 목적의식 등이 모두 높게 나타났다.
다만 열정이 있어서 행복한지, 행복해서 열정이 있는지는 이 조사를 통해 알 수 없으
므로 유의해야 한다.

사람의 업무 능률을 조사했네. 그랬더니 이 유형에 속하는 사람들은 자기 일에 푹 빠져들기는 해도 생산성이 높지는 않았지.◆

제자　왠지 슬프네요.

냥선생　좋아하는 일을 하더라도 성공하지 못하는 이유는 세 가지라네. **첫 번째로 무언가를 좋아하는 감정은 시간이 흐르면서 바뀌기 때문이야.** 심리학 조사에 따르면 인간의 취향은 평균 2~3년을 주기로 바뀐다고 하지.◆◆ 10년 전 가장 좋아했던 걸 떠올려보게나. 지금 좋아하는 것과는 완전히 다를 걸세.

제자　듣고 보니 예전에는 스포츠를 좋아했는데 요즘은 일 때문에 바빠서 아무것도 안 하고 있어요…….

냥선생　풀 죽을 필요 없네. 좋아하는 일에 대한 열정이 시간이

◆　하버드 경영대학원의 존 야히모비치Jon M.Jachimowicz 교수는 IT업계 종사자를 대상으로 일에 대한 열정과 성과의 상관관계를 조사했다.[2] 조사에 따르면 자기 일을 좋아하는 사람일수록 번아웃 증후군에 시달리기 쉽고 이직률이 높은 경향을 보였다.

◆◆　베일러대학교 의과대학의 신경학자 프레드 누어Fred Nour는 2017년 여러 선행 연구를 살펴본 다음 자신의 저서에서 "무언가를 좋아하는 마음이나 열정 같은 감정은 기껏해야 2~3년밖에 유지되지 않는다"라는 결론을 내렸다. 그렇다고 자기 일을 좋아하지 말라는 의미는 아니다.[3]

지날수록 시들해지는 건 너무나 당연한 일이고, 10년이나 같은 일을 좋아할 수 있는 사람은 극히 소수니까. 그래서 **좋아하는 일만 뒤쫓다 보면 일에 대한 열정이 조금만 시들해져도 의욕이 사라지고 목표와 멀어지지.**

제자   좋아하는 마음만 추구하면 의욕의 변화에 약해진다는 거로군요.

나의 열정을 모두가 필요로 하지는 않는다

냥선생   **두 번째 이유는 사람들이 좋아하는 일을 세간에서는 크게 필요로 하지 않기 때문이야.** 퀘벡대학교의 조사에 따르면 참가 대학생 중 84퍼센트가 '좋아하는 일'을 갖고 있었지만 그중 90퍼센트는 스포츠, 음악, 예술과 관련된 일이었어.

제자   누구나 화려한 세계에 끌리기 마련이니까요.

냥선생   하지만 스포츠, 음악, 예술과 관련된 직업은 전체 직업 중에서도 3퍼센트에 지나지 않아. 다들 자신이 좋아하는 일만 뒤쫓다가는 얼마 되지 않는 일자리를 둘러싸고 경쟁이 일어날 테고, 대다수의 '좋아하는 마음'은

갈 곳을 잃어버릴 걸세.◆

제자   아무리 좋아하는 일이라도 수요가 없으면 하는 수 없겠네요.

냥선생   마지막으로, **좋아하는 일을 추구하는 사람에 대한 평가는 상황에 따라 달라질 수 있어.** 좋아하는 일을 한 결과가 어떤 평가를 받을지는 그 사람이 어디에서 무슨 일을 하느냐에 따라 바뀌거든. 실제로 하버드 경영대학원 등의 연구에 따르면 '일을 사랑하는 회계사'보다 '일을 사랑하는 컨설턴트' 쪽이 인정받기 쉬웠고, 자연히 더 좋은 실적을 거뒀다네.◆◆ 어떻게 보면 당연한 일인데, 사람들은 회계사보다 컨설턴트에게 열정적인 자세를 요구하기 마련이거든.

제자   회계사에게 필요한 건 냉정한 자세죠.

냥선생   해당 조사에서는 이런 경향도 나타났어.

◆   퀘벡대학교 연구진은 대학생 539명을 대상으로 '이것이 없는 일상은 도저히 상상할 수 없다' 또는 '이것을 하지 않고는 살 수 없다'라고 생각하는 취미 활동을 물어보았다. 조사 결과 댄스, 스키, 독서, 수영, 축구, 기타 연주, 농구 등이 상위권을 차지했다.[4]

◆◆   앞서 존 야히모비치의 연구에서는 사업가의 어조 등을 분석한 다음 '좋아하는 마음이 지니는 효과는 관찰자에 따라 다르다'라는 결론을 내렸다.[5]

31

■ 고객에게 참신한 아이디어를 제시할 때는 그 일을 좋아한다는 사실을 어필하는 것이 효과적이다. 하지만 구체적인 조건에 관해 협상할 때는 그 일을 좋아한다는 사실을 어필하는 것이 역효과를 불러일으켜 계약 조건을 불리하게 만들 수 있다.

■ 비즈니스 과정에서 보이는 열정적인 자세는 처음부터 내 주장에 호의적인 상대에게만 효과를 발휘한다. 나에게 반감을 지닌 상대에게 열정을 내보이면 오히려 거부감을 살 가능성이 크다.

'좋아하는 마음을 밀고 나가는 것'은 얼핏 긍정적으로 보이지만, 실제로는 상황에 따라 그에 대한 평가가 바뀌기 마련이야. '좋아하는 마음'을 제대로 활용하려면 자신의 열정이 제대로 기능할 수 있는 상황을 파악해야 하지. 다시 말해 무턱대고 '좋아하는 마음'만 따라간다고 해서 주변에서 재능 있는 사람으로 봐 주지는 않는다네.

제자   그럼 재능을 발견하려면 어떻게 해야 할까요?

'나도 모르게 하는 일'로는 재능을 알 수 없다

냥선생   이외에 재능을 찾는 방법으로는 어떤 것이 있을까?

제자   **'나도 모르게 하고 있는 일'을 파보면 어떨까요?** 취미까

지는 아니더라도 타고난 재능이 있다면 무의식적으로

하고 있을 테니까요.

저 같은 경우에는 성격이 소심해서 어떤 일을 하든지

지나치다 싶을 정도로 신중하거든요. 그러다 보니 상

사에게서 일 처리가 늦다며 혼날 때도 있지만, 결과물

이 꼼꼼하다고 칭찬받기도 하죠. 이렇게 머리로 생각

하지 않아도 자연스레 하게 되는 일 중에 재능이 잠들

어 있지 않을까요?

냥선생   **그것도 잘못된 생각이야.**

제자   엥, 또 틀렸어요?

냥선생   **'나도 모르게 하는 일'에 주목하면 수많은 능력을 놓칠**

수 있어. 오늘날 긍정심리학positive psychology 연구에 따

르면 타고난 능력을 끝내 바깥으로 끌어내지 못하는

사람이 대부분이라고 하거든.

한 실험에서 참가자들에게 낯선 사람의 사진을 보여

주고 그들의 감정을 맞춰 보게 했어. 그러고 나서 참가

자들이 평소에는 어떤 방식으로 커뮤니케이션을 하는

지 조사했더니, 일상 속 대화에서는 분위기를 잘 파악하지 못하지만 다른 사람의 감정을 읽는 능력은 뛰어난 사람이 몇 명이나 있었지.♦ 다시 말해 높은 공감 능력을 지니고 있으면서도 평소에는 그 능력을 발휘하지 못하는 사람이 많았던 거야.

제자   그렇다면 '나도 모르게 하는 일'이 재능이라고는 보기 힘들겠네요.

냥선생   **자신이 가진 능력을 일상에서 활용하지 못하는 사람은 많아.** 호기심이 강한데 매사에 무관심해 보이는 사람, 열정적인데 차갑게 말하는 사람, 유머 감각이 넘치는데 남들 앞에서는 진지하게 행동하는 사람 등 다양한 패턴이 보고됐지.♦♦

♦   프랭클린앤마셜대학교 연구진은 학생들의 커뮤니케이션 능력을 조사한 다음 사진 24장을 보여주며 사진 속 인물의 감정을 맞히게 했다. 이때 피험자 중 절반에게는 실험이 '사교성을 판단하는 검사'라고 알려주었고, 나머지 절반에게는 '일반 상식을 판단하는 검사'라고 알려주었다. 그러자 후자 그룹에서 대화가 서툰 사람일수록 다른 사람의 감정을 읽는 능력이 높게 나타났다. 즉 커뮤니케이션에 대한 압박을 이겨내지 못해 상대방의 감정을 읽는 능력이 대폭 낮아지는 유형이 많은 것으로 보인다.[6]

♦♦   미시간주립대학교의 심리학자 라이언 M. 니믹Ryan M.Niemiec은 전 세계 사람 가운데 30퍼센트는 자신이 가진 능력을 전혀 드러내지 못하고 있다고 추측했다.[7] 이런 능력을 자각하면 일부 정신질환(특히 사회불안장애)을 개선할 수 있다고 한다.

제자　　　이유가 뭘까요?

냥선생　　능력을 표출하지 못하는 데는 무수히 많은 이유가 있
　　　　　지만, 대강 간추리면 이렇단다.

- **다른 능력이 발목을 잡는다**: 특정 능력이 겉으로 드러나려는 것을 다
른 성격이나 특성이 방해하는 경우. '리더십'이 뛰어나지만 '겸손함'
과 '조심성'도 높은 탓에 남들 앞에 서지 못하는 사례가 대표적이다.

- **부족한 기술이 발목을 잡는다**: 타고난 능력을 표현하는 기술이 부족
한 경우. '공감 능력'과 '배려심'이 뛰어나지만 커뮤니케이션 능력이 부
족해 타고난 능력을 꺼내는 단계에 이르지 못하는 사례를 들 수 있다.

- **트라우마가 발목을 잡는다**: 과거에 겪은 불쾌한 경험으로 인해 자기
도 모르게 타고난 능력에 제동을 거는 경우. 어릴 적 낙서를 하거나
장난을 치다가 부모님에게서 크게 혼난 탓에 어른이 되어서도 '호기
심'을 발휘하지 못하고 새로운 일을 시작하는 것을 두려워하는 사례
를 들 수 있다.

- **환경이 발목을 잡는다**: 특정 환경에 오래 몸담는 바람에 자신의 능
력을 자각할 기회를 빼앗긴 경우. 알고 보면 상상력이 풍부하고 독
창적인 사람이 오랫동안 반복적인 업무를 맡은 탓에 창조적인 발상

Q1
Q2
Q3

A1
A2
A3

능력을 사용하지 않고 지내는 습관이 몸에 밴 사례를 들 수 있다.

■ **자아상이 발목을 잡는다:** '나는 이러한 사람이다'라는 믿음이 강해서 자신이 가진 다른 능력을 주목하지 못하는 경우. '나는 모든 사람과 잘 지내는 사람이다'라는 생각에 다른 사람이 억지를 부려도 받아주기만 하다가 '자기주장'이나 '인정욕구'라는 능력을 내보이지 못하는 사례를 들 수 있다.

제자   어디서 많이 본 이야기네요. 사실 고등학생 때 친구들에게서 "넌 분위기 파악을 못 해"라는 말을 듣고 충격을 받아서 어딜 가든 적극적으로 나서지 못하게 됐거든요. 그전에는 수업 중에도 제 생각을 자신 있게 말했는데 말이죠.

냥선생   스스로 알고 있으면 차라리 다행이지. **세상에는 타고난 능력을 썩히면서도 그 사실을 알아차리지 못하는 사람이 훨씬 많거든. 그런 사람들에게 '나도 모르게 하는 일'에 주목하라고 말해 봐야 무의미하지 않겠나.**

제자   어려운 문제네요……

특기를 살려도 성과가 나오지 않는 이유

제자   그래도 여전히 잘 모르겠어요. 왜 '잘하는 일'을 파고
           들면 안 되는 거죠? 잘하는 일이라면 크게 노력하지
           않아도 술술 잘 풀릴 테고, 의식해서 실력을 기르면 누
           구나 '재능'이라고 부를 만한 능력이 될 것 같은데요.

냥선생   그렇게 생각하고 싶은 마음도 잘 알겠네. 무언가를 잘
           한다고 여기는 시점에서 그 일은 재능처럼 느껴질 테
           니까. 하지만 아쉽게도 **특기를 살리는 사람이 높은 성
           과를 거둔다는 사실을 뒷받침하는 연구 결과 중에서는
           신뢰할 만한 데이터가 적어.**[♦]

제자   정말요? 특기를 살리면 성과도 뒤따라올 것 같았는데.

냥선생   일례로 2020년에 이루어진 메타분석meta-analysis을 살
           펴보자.^{♦♦} 메타분석이란 이전에 진행된 여러 연구를

♦   지금까지 자신의 특기를 인식한 직원의 정신 건강이 개선됐다는 보고는
많이 나왔지만, 객관적인 실적 향상으로 이어졌다는 사실을 뒷받침하는 데이터는 매
우 적다. 물론 잘하는 일을 살리면 업무 실적이 높아진다고 주장하는 연구도 있지만,
대부분 강의 교재를 판매하는 기업의 주도로 시행된 것이다.

♦♦   티미쇼아라웨스트대학교에서 실시한 메타분석.[8] 연구진은 무작위 대조
시험 21건을 취합한 다음, 직원에게 특기를 살리도록 지시하더라도 업무 실적은 거
의 오르지 않았다고 발표했다.

종합해서 분석하는 방법을 말하는데, 한 가지 데이터를 기반으로 판단할 때보다 더 정확한 결론에 다가갈 수 있지. 지금 시점에서는 가장 좋은 데이터라고 할 수 있어.

이 메타분석에 따르면 직장인에게 자신이 잘하는 일을 업무에서 활용하도록 지도했을 때 업무 실적에 미치는 영향은 'd=0.28'이었고, 심지어 추적 조사에서는 'd=0.22'로 나타나 유의미하다고 보기도 힘들어졌어.

제자 무슨 말인지 잘 모르겠어요……. 좀 더 알기 쉽게 설명해 주세요.

냥선생 **간단히 말하자면 특기를 살려 봐야 일의 성과는 '오르기는 한다' 수준의 미묘한 차이밖에 나지 않는다는 의미야.** 아주 무의미하다고는 할 수 없지만 '특기가 곧 재능'이라고 단언할 정도도 아니라는 거지.

지금까지 나온 데이터만 놓고 보면 자신이 잘하는 일에 집중할 경우 업무에 대한 동기나 만족도는 높아지지만, 높은 성과로 이어지는 사례는 그리 많지 않아.

제자 의외네요. 어째서일까요?

냥선생 그 이유도 크게 세 가지를 들 수 있어.

첫 번째 이유는 장점을 키우는 것보다 단점을 고치는 쪽이 더 효과적이기 때문이야. 실제로 과거에 진행된 메

이능의 발견

타분석에 따르면 직원의 단점을 바로잡는 접근 방식은 장점을 살리는 접근 방식보다 더 큰 효과를 보였어.◆ 아무리 머리가 좋아도 성격이 나쁘면 주위 사람들의 도움을 받지 못하고, 아무리 그림을 잘 그려도 참을성이 없으면 작품을 완성할 수조차 없으니까 당연한 일이지.

제자   그건 그래요. 아주 작은 단점이 커다란 장점을 퇴색시키기도 하니까요.

냥선생   **두 번째 이유는 '특기를 살리는' 일의 효과가 상황에 따라 다르다는 사실이야.**

캘리포니아대학교의 연구에 따르면 아직 업무 경험이 적은 신입사원은 자신이 잘하는 일에 집중할수록 업무에 대한 동기가 강해졌어. 대단한 경험도 없는데 지적만 당하면 회사가 지긋지긋해질 수밖에 없겠지.

반면 **이미 업무에 대한 동기가 높은 사람은 자신의 결**

◆   컬럼비아대학교의 심리학자 토마스 차모로프레무지크Tomas Chamor-ro-Premuzic는 《하버드 비즈니스 리뷰》에서 "결점을 무시하거나 부정적인 피드백을 제공하지 않는 코칭이 더 효과적이라는 견해를 지지하는 과학적 연구(동료평가를 거친 논문)는 지금까지 본 적이 없다"라고 밝혔다.[9] 또한 Collins & Holton, 2004[10]나 Avolio et al, 2009[11] 등의 논문은 결점을 고쳐 나가는 코칭의 효과 크기를 평균 0.65로 보았다.

점을 의식할 때 일의 능률이 올라갔다네. 특히 임원쯤 되면 자신의 부정적인 면을 적극적으로 받아들이는 일에 익숙하다 보니 결점을 의식할수록 일의 능률도 개선됐지.◆

제자　　그 사람이 지닌 스킬이나 상황에 따라 '특기'의 효과가 달라지는군요.

잘하는 일을 포기해야 할 때도 있다

냥선생　　마지막으로 가장 중요한 건 '재능'의 정의가 때와 장소에 따라 달라진다는 점이야. 절대적인 능력이나 스킬이라는 건 어디에도 없어서 무엇이 좋고 나쁜지는 주변 상황에 따라 달라지거든.

제자　　잘하는 일을 살리려고 해도 나보다 그 일을 잘하는 사람이 나오면 의미가 없어지는 것처럼 말인가요?

◆　　2015년 캘리포니아대학교는 150건이 넘는 선행 연구를 기반으로 '피드백', '목표 설정', '인센티브 활용'이라는 세 가지 수단의 효과를 조사한 리뷰 논문을 발표했다. 연구진은 논문을 통해 각 수단이 사용하는 상대와 상황에 따라 역효과를 불러온다는 사실을 지적했다.[12]

냥선생 그것도 맞는 말이야. 특기를 갈고닦아서 한계치까지
끌어올려도 나보다 뛰어난 사람이 나타나면 그 순간
활약할 기회를 빼앗기지. 위에는 위가 있는 법이거든.

제자 그건 그래요.

냥선생 하지만 **더 중요한 문제는, 자기가 잘하는 일을 밀고 나
갔다가 오히려 큰 성공을 놓치는 사례가 드물지 않다는
사실이야.**

제자 잘하는 일을 '안 하는' 쪽이 낫다는 말인가요?

냥선생 예를 들어 '음잘알'과 '음알못'이라는 뮤지션이 록 밴
드를 만든다고 가정해 보자. 멤버가 둘뿐이라 한 사람
은 보컬, 다른 한 사람은 기타를 맡기로 했어.

제자 엄청난 이름이네요.

냥선생 어디까지나 지어낸 이야기니까. 그런데 두 사람이 포
지션을 정하려고 하자 문제가 생겼어. 서로 음악적 스
킬을 비교해 보니 음잘알이 기타와 보컬 실력 모두 음
알못보다 나았던 거지.

제자 이름 따라가는구나.

냥선생 두 사람의 음악적 스킬을 숫자로 표현하면 다음 표와
같다네.

합산 점수를 최대한으로 끌어올리는 조합은?

	보컬	기타
음잘알	10	15
음알못	2	10

보면 알겠지만 음잘알은 보컬보다 기타 점수가 더 높아. 그래서 지금까지 '내 특기는 기타'라고 생각하고 있었지.

제자 노래보다 기타 실력이 나으니 그렇게 생각할 수 있죠.

냥선생 하지만 밴드를 결성할 때는 이야기가 달라져. 표를 보면 알겠지만 음잘알이 기타를 치고 음알못이 보컬을 맡으면 기술 점수의 합은 17점밖에 되지 않아. 반면 음잘알이 보컬을 맡으면 합산 점수는 20점이 되고 음악적인 성과를 최대한으로 끌어올릴 수 있지.

제자 정말이네요. **음잘알 입장에서는 특기에 얽매이지 않아야 성공할 확률이 높아지겠어요.**

냥선생 **이처럼 다른 사람과 팀을 짤 때는 자신의 특기를 포기하는 편이 나을 때가 많아.** 그 사실을 이해하지 못하고 자기가 잘하는 일에만 집착하면 자기뿐만 아니라 팀 전체의 발목을 잡을 수 있지.

제자 특기를 포기하는 게 나을 때도 있다니······.

재능은 때와 장소에 따라 얼마든지 바뀐다

낭선생 '잘하는 일이 재능'이라는 조언이 무의미한 이유는 또 있어. 사실상 가장 중요한 이유라고 할 수 있는데, 바로 **'도움이 되는 능력' 자체가 상황에 따라 얼마든지 바뀔 수 있기 때문이야.**

제자 무슨 말이죠?

낭선생 몇 가지 사례를 들어볼까. 발명왕 토머스 에디슨이 어릴 적에는 말썽꾸러기였다는 이야기를 들어본 적 있을 거야. '새처럼 먹으면 인간도 하늘을 날 수 있지 않을까?' 하고 생각해서 친구에게 지렁이를 먹이질 않나, 사물이 왜 불타는지 알고 싶다는 이유로 집의 헛간을 홀라당 태우질 않나, 트러블 메이커로 유명했지. 눈치가 없고 남의 이야기에 귀 기울이지 않는 사람이었다고 해.

제자 부모님 속깨나 썩였겠네요.

낭선생 그 탓에 토머스는 다른 학생들에게 방해가 된다는 이유로 초등학교에 입학한 지 3개월 만에 퇴학당했어. 아버지는 그를 포기했고, 담임 선생님은 "이 아이는 머리가 좀 이상한 것 같아요" 하고 말할 정도였지.

제자 결국 폭발했네요. 훗날 '발명왕'이라 불린 사람도 학창 시절에는 낙제생이었군요.

냥선생 하지만 그런 상황에서도 어머니인 낸시만큼은 토머스를 포기하지 않았어. 한때 선생님이었던 낸시는 아들이 학교에서 문제를 일으키는 이면에 넘치는 호기심이 있다는 사실을 알고 있었거든. 그래서 직접 토머스를 가르치기 시작했고, 집에 전용 실험실까지 만들어서 아들이 자유롭게 행동할 수 있도록 이끌었어.

제자 어머니만은 아들의 성격을 재능이라고 판단했군요.

냥선생 그 덕분에 토머스는 초등학생 때부터 헬리콥터 시제품을 만들고 직접 신문을 펴내고 헬륨 가스로 하늘을 날려고 시도하는 등 호기심에 몸을 맡긴 채 수많은 도전을 할 수 있었지. 이때 배운 기술이 나중에 전화기나 백열전구 등을 발명하는 데 쓰였어.

제자 **학교에서는 도움 되지 않았던 성격이 발명의 세계에서는 도움이 됐네요.**

냥선생 비슷한 사례는 그밖에도 많아. 빌 게이츠는 어린 시절 온종일 혼자 놀기만 해서 학교에서 유급을 권할 정도였고, 진화론의 아버지인 다윈은 곤충 채집에만 몰두해서 '다윈 가문의 수치'라고 불렸어.

제자 둘 다 에디슨 못지않은 말썽꾸러기였네요.

냥선생 하지만 다들 알다시피 빌 게이츠는 혼자 놀기에서 보여준 집중력을 살려 윈도우를 개발했고, 다윈은 자연

속에서 기른 관찰력을 발휘해 인간에 대한 이해에 혁
신을 일으켰지. 둘 다 어떤 면에서는 골칫거리였던 능
력이 다른 곳에서는 도움을 준 사례라고 볼 수 있어.
어떤 능력이 도움 될지는 환경에 따라 크게 바뀌거든.

단점도 때에 따라 도움이 된다

냥선생 　마찬가지로 **최근 연구에 따르면 일반적으로 '단점'이
라고 여겨지지만 상황에 따라 도움이 되는 특성도 있
다고 해.**

제자 　에디슨의 문제 행동이 발명에 도움이 된 것처럼요?

냥선생 　그렇지. 구체적인 예를 살펴보자.◆

- **불안해지기 쉬운 사람이 가진 장점**: 상처받기 쉽고 금방 불안해지는
  성격은 미래에 일어날 위기에 대비하도록 부추긴다. 따라서 부정적

◆ 　조지아대학교에서 직장인 1,258명을 대상으로 진행한 연구를 참고. 연구
진은 모든 참가자의 성격을 조사한 다음 그 결과를 제삼자가 평가한 업무 성과와 비
교했다.[13] 연구 결과에 따르면 '꾸준히 일한다', '모든 사람과 잘 지낸다'와 같이 긍정
적인 특성도 상황에 따라서는 기분 저하나 능률 악화로 이어진다고 한다.

인 사람일수록 직장에서 더 높은 성과를 낸다는 연구 결과도 많다. 불안은 체내를 긴장 상태로 만들고 집중력을 높이기도 한다.

- **자신감이 없는 사람이 가진 장점**: 자신감이 없는 사람은 타인의 비판을 순순히 받아들이므로 자신감 넘치는 사람보다 능력이 더 빠르게 향상된다는 사실이 다양한 연구를 통해 밝혀졌다. 또한 자신감이 없는 사람은 왜곡되지 않은 시선으로 세상을 바라보는 경향이 있어 현실에 기반해 판단하는 능력도 뛰어나다. '낮은 자신감'이 자신의 한계나 능력 부족을 보여주는 시그널 역할을 해서 현실을 있는 그대로 파악하는 능력이 높아지기 때문으로 보인다.

- **비협조적인 사람이 가진 장점**: 타인과 잘 어울리지 못하는 성격은 사회생활에는 적합하지 않지만, 다른 사람의 비판을 두려워하지 않는 태도 덕분에 자신만의 독창적인 사업을 시작하거나 참신한 발명품을 만들어내는 사례가 많다. 또한 이러한 유형은 타인과의 충돌을 두려워하지 않으므로 자신의 의견을 밀어붙일 줄 알고 그만큼 연봉이 빨리 오른다.◆

◆ 기본적으로는 협조성이 높을수록 상사로부터 조언을 받지 못하고 연봉이 낮아진다. 이는 협조성이 너무 높은 탓에 타인과의 충돌을 피하기 때문으로 보인다.

■ **내향적인 사람이 가진 장점:** 사교성이 낮아 자기만의 세계에 자주 틀어박히는 사람이나 항상 고독하고 자존감이 낮은 사람은 타인의 마음을 읽는 능력이 뛰어난 경향이 있다. 내향적 사람은 외향적인 사람보다 타인을 관찰하는 시간이 길고 자신의 내면을 파고드는 횟수도 많으므로 자연스럽게 인간 심리에 대한 이해가 깊어지기 때문으로 보인다. ◆

이처럼 세간에서 부정적으로 바라보는 요소에도 저마다 장점이 있지.

제자 모든 건 사용하기 나름이라는 거군요.

냥선생 **더 극단적인 예시를 들자면 사이코패스도 마찬가지야.**

제자 사이코패스에게도 장점이 있다는 건가요?

냥선생 사이코패스 하면 어떤 이미지가 떠오르지?

제자 으음, 공감 능력이 없고 자신의 욕망을 위해서라면 수단과 방법을 가리지 않는 사람? 영화에 나오는 연쇄 살인마도 떠오르고요.

◆　　내향적이면서 우울하고 외로운 사람은 사교적인 사람보다 타인의 행동을 훨씬 정확하게 예상했다고 한다. 지나치게 외향적인 사람은 어디서나 과장되게 행동하고 자극만 뒤쫓으며 다른 사람을 깔보기 쉽다. 그 결과 주위 사람들에게서 귀찮은 존재로 여겨지고 일의 성과도 낮아진다.[14]

냥선생 영화 속 사이코패스는 현실과 다른 경우가 많지만, 나머지 이미지는 얼추 비슷해.◆ 사이코패스는 자기 이익만 생각하고, 다른 사람의 감정은 신경 쓰지 않고, 차가우면서 책임감이 없고, 타인을 조종하려고 하지.

제자 최악이네요.

냥선생 다만 **사이코패스가 가진 '타인의 감정에 영향을 받지 않는다'라는 특성은 상황에 따라 좋은 방향으로 작용하기도 해.** 사이코패스는 다른 사람에 의해 감정이 좌우되지 않아 항상 자신만만하고, 어떤 결과가 나올지 개의치 않으니까 압박감에 강하고, 리스크를 겁내지 않고 행동할 수 있지.

제자 듣고 보니 매력적인 캐릭터 같기는 하네요.

냥선생 그래서 지금까지 이루어진 여러 연구에서도 대기업 CEO, 변호사, 외과 의사, 소방관, 언론인 같은 직업에

◆　영화 속 사이코패스 묘사의 정확성은 브뤼셀자유대학교의 리뷰 논문에서 자세히 다루고 있다.[15] 해당 논문에서는 영화 400편을 분석한 다음 '학술적으로 정확한 사이코패스가 등장하는 영화'로 〈노인을 위한 나라는 없다〉, 〈헨리: 연쇄살인범의 초상〉, 〈러블리 본즈〉, 〈월 스트리트〉 4편을 선정했다. 반면 〈싸이코〉의 노먼 베이츠나 〈양들의 침묵〉의 렉터 박사 등은 '잘못된 사이코패스'로 언급됐다.

서 사이코패스의 비율이 높다는 결과가 나왔어.[◆] 이러한 직업은 감정에 휘둘리지 않고 냉철하게 판단해야 하거든. 다시 말해 **감정적으로 부담이 큰 직업에서는 사이코패스인 쪽이 더 높은 성과를 거둘 수 있어.**

제자 하긴 리스크를 무서워해서야 CEO나 소방관으로 일하기는 힘들겠죠.

낭선생 사이코패스라고 해서 무조건 반사회적인 행동을 일삼는 건 아냐. 사이코패스가 가진 '두려움을 모른다'라는 특성은 용기가 필요한 상황에서는 무척 유용하고, 그러다 보니 동료들에게서 '의지할 만한 사람'이라는 평가를 받기도 하지.

제자 사이코패스조차 적재적소라니.

어떤 능력이든 사용하기에 달렸다

제자 그치만 지금까지 한 이야기는 결국 나쁜 일에도 좋은

◆　케임브리지대학교의 심리학자 케빈 더튼^{Kevin Dutton}은 사이코패스가 많은 직업 상위 10개를 발표했다.[16] 1위 CEO, 2위 변호사, 3위 연예인, 4위 영업직, 5위 외과 의사, 6위 언론인, 7위 경찰, 8위 성직자, 9위 요리사, 10위 공무원.

점은 있다는 것뿐이잖아요? 실제로 사회에 나가서 활약할 수 있느냐 하는 문제랑은 다른 이야기 아닌가요?

냥선생 거참 의심이 많군. 개인의 성격과 연봉의 관계성에 대해서는 노벨상을 받은 경제학자 제임스 헤크먼James J. Heckman이 조사한 적 있네. 유명한 부분을 몇 군데 소개하도록 하지.◆

■ **감정의 안정도에 따른 차이**

감정이 안정되어 불안이나 슬픔을 잘 느끼지 않는 사람은 스트레스가 많은 환경에서 근무하거나 압박에 둘러싸여 결단을 내릴 때 그 능력을 충분히 발휘할 수 있으며, 실제로 연봉도 더 높았다(투자은행가, 신경외과 의사, 소방관 등).

한편 불안 상태에 빠지기 쉽고 미래를 비관적으로 생각하는 사람은 세부적인 내용에 주의를 기울여야 하는 일이나 높은 집중력을 요구하는 분야에서 활약한다(교통안전 단속, 건강 관리와 관련된 일, 학술 연구 등). 감정이 안정적인 사람보다 연봉이 높은 경우가 많다.

◆   시카고대학교의 경제학자 제임스 헤크먼은 300건 넘는 선행 연구를 종합적으로 살펴본 다음, 성격 특성과 직업 내용이 잘 맞을 경우 표준편차가 1 올라갈 때마다 연봉도 높아진다고 밝혔다.[17] 이러한 현상은 '적합 보너스fit bonus'라고 불리며 지금도 관련 연구가 이루어지고 있다.[18]

■ 사교성에 따른 차이

밝고 사교적인 사람은 다른 사람과 교류가 많고 다양한 사람과 신뢰 관계를 쌓아야 하며 인간관계를 유지하는 것이 중요한 일에서 높은 소득을 올리기 쉽다(홍보 담당, 고객 서비스, 교사, 간호사 등).

한편 말수가 적고 비사교적인 사람은 엄격한 의사 결정이나 솔직한 발언을 요구하는 직업에 종사할 때 연봉이 높아진다(경영자, 재무책임자, 변호사, 의사, 스포츠팀 감독 등).

■ 적극성에 따른 차이

외향적이고 적극적인 사람은 인맥 형성이 중요하거나 사람들 앞에서 말하는 일이 많은 직업일 때 연봉을 높이기 쉽다(정치가, 공인중개사, 코미디언 등).

반대로 내향적이고 낯을 가리는 사람은 독립적으로 일하거나 장시간 집중해야 하는 직업(사서, 소프트웨어 개발자, 감사 등)일 때 외향적인 사람보다 연봉 상승 폭이 크다.

이외에도 '특정 성격과 연봉의 궁합'을 보여주는 데이터는 얼마든지 있어. 대강 정리하자면 **자신의 특성을 살릴 수 있는 일에 종사하면 급여에 5~10퍼센트 정도 영향을 준다고 해.**

제자　어떤 특성과 능력이든 사용하기에 달렸다…… 무슨 말인지 이제 알 것 같아요.

IQ가 높으면 만사 오케이?

제자　쓸모없어보이는 특징도 도움이 될 수도 있다는 사실은 잘 알겠는데요, 그 반대는 성립하지 않는 거 아닌가요? 예를 들어 머리가 좋아서 곤란할 일은 없으니까 '높은 IQ'를 타고나면 어떤 세계에서든 활약할 수 있을 것 같은데요.

냥선생　날카로운 지적이야. 확실히 IQ가 높으면 장점만 있을 것 같지.

제자　맞죠? 그렇게 보면 IQ는 주위 상황에 좌우되지 않으니까 절대적인 재능이라고 할 수 있지 않을까요?

냥선생　**꼭 그렇다고 볼 수는 없어. IQ가 높은 사람에게서도 몇 가지 단점이 나타났거든.**

제자　정말요?!

냥선생　가장 대표적인 것은 커뮤니케이션 문제야. **과거에 이루어진 연구에 따르면 IQ가 높은 사람은 사회생활에서 어려움을 겪기 쉽고 인간관계의 질이 낮다고 하지.** 남들보다 사고력이 높다 보니 주변 사람들과 관심사나

의견이 달라서 이야기가 통하지 않는 경우가 많기 때문이야.♦

제자 머리가 너무 좋아서 소외된다니…….

낭선생 그래서 IQ가 높은 사람 중에는 오히려 공동 작업이 서툴고 회사에서 뒤처지는 사례가 많아. 이러한 단점을 알게 된 구글은 2010년대부터 직원의 IQ를 중시하지 않게 됐지.♦♦

제자 커뮤니케이션이 서툴면 아무래도 회사 일을 잘 해내기는 힘들죠.

낭선생 그리고 또 하나, **IQ가 높은 사람은 몸과 마음에 문제가 발생하기 쉬워.** 미국 멘사 회원을 조사한 연구에 따르면 IQ가 높은 사람일수록 천식이나 알레르기에 잘 걸렸고, 불안장애 진단을 받는 확률은 미국인 평균보다

♦ 캘리포니아대학교 데이비스 캠퍼스 연구진은 각국에서 모은 비즈니스 리더 379명의 IQ를 조사하고 부하 직원을 대상으로 그들이 상사로서 어떤 능력을 지니고 있는지 물어보았다.[19] 그 결과 IQ가 120을 넘을 즈음부터 상사에 대한 부하 직원의 평가가 크게 낮아졌다. IQ가 높을수록 커뮤니케이션이 서툴고 업무를 제대로 전달하지 못하기 때문으로 보인다.

♦♦ 구글의 업무 대부분은 수학적 사고를 필요로 하므로 인지능력은 여전히 중요하다. 다만 최근에는 IQ보다 '흩어진 정보를 한데 모으는 능력', '창발적emergent 리더십', '지적 겸손함' 등을 중시하는 경향이 있다.[20]

2~4배나 높았어.*

이유는 아직 밝혀지지 않았지만, IQ가 높을수록 주변의 정보를 많이 받아들이다 보니 뇌가 과잉 흥분하기 쉽고 몸과 마음이 스트레스를 받기 때문이라는 견해가 설득력을 얻고 있지.

제자 똑똑하다고 해서 마냥 좋은 건 아니구나.

냥선생 뒤에서 더 자세히 설명하겠지만, **IQ가 높은 사람이 의외로 사회에서는 성공하지 못한다는 연구 결과도 있어.** 아마 이런 단점이 발목을 잡아서 그렇겠지.

제자 IQ가 높아서 오히려 사회를 헤쳐나가지 못한다니 아이러니하네요.

냥선생 비슷한 이야기라면 얼마든지 더 있다고. **'노력하는 재능'에도 단점이 있다고 하면 믿을 수 있겠나?**

제자 '지루한 연습을 꾸준히 반복하는 능력'이라든지 '조그만 노력을 하루하루 쌓아 올리는 능력' 말인가요?

냥선생 맞아. '목표를 향해 꾹 참고 노력하는 능력' 같은 거지. 이것도 일반적으로는 긍정적으로 여겨지지만, 실제 연

◆　　　멘사 회원 3,715명을 대상으로 진행한 조사에서는 IQ가 130 이상인 사람 중 20퍼센트가 불안장애 진단을 받았으며(전국 평균은 10퍼센트) 기분장애나 ADHD를 앓는 사람의 수도 평균보다 많았다.[21]

구에 따르면 **매사 금욕적인 자세로 노력하는 사람은 50대 이후부터 기억력이 낮아지고 심장병 등에 걸릴 위험이 커진다고 해.**[◆]

제자 노력한 것도 억울한데 병까지 걸리다니…….

냥선생 물론 소소한 노력을 유지하는 재능은 중요하지. 이 능력이 없으면 기술은 늘지 않고 장기 프로젝트도 해낼 수 없을 테니까. 하지만 **항상 금욕적인 자세로 노력하는 사람은 눈앞에 있는 목표가 불필요하다는 사실을 알아차려도 좀처럼 포기하지 못한다네.**

제자 악덕 기업에 입사하고도 그만두지 못하는 것처럼요?

냥선생 그런 느낌이지. 이외에도 고등학생 때부터 계속해 온 밴드 활동을 포기하지 못하고 백수로 지내거나, 아픈 몸을 채찍질하면서까지 공부하는 등 '노력하는 재능'의 부작용은 적지 않아. 포기해야 하는 목표를 향해 노력을 쏟아부으면 일이 해결되는 시점은 그만큼 늦어지

◆ 제네바대학교 연구진이 남녀 3,126명을 20대부터 25년에 걸쳐 조사한 결과 '역경에 맞서 끝까지 해내는 능력'이 높은 사람은 중년기에 혈압이 높고 두뇌 회전이 느리고 계획을 세우는 능력이 낮았다. 이러한 경향은 불우한 가정에서 자란 사람일수록 더 강하게 나타났으며, 가정 형편이 어렵거나 장애가 있는 사람일수록 '노력하는 재능'으로 인한 악영향이 커질 확률도 높았다.[22]

고 스트레스만 늘지.

제자 열심히 노력하는 사람일수록 병에 걸리기 쉬운 건 그래서구나.

냥선생 아무리 좋아 보이는 능력이라도 단점은 있어. 각 능력이 제대로 기능할 수 있을지도 상황에 따라 다르고.

제자 그래서 절대적인 능력은 없다고 한 거로군요.

냥선생 그래. <u>자네들은 올바른 상황에 놓인 특성을 '재능'이라 부르고, 잘못된 상황에 놓인 특성을 '단점'이라고 부르는 것에 불과해. 그런 의미에서 재능 같은 건 처음부터 존재하지 않았다고 볼 수 있지.</u>

제자 아, 맨 처음에 '재능은 세상에 존재하지 않는다'라고 말한 건 이런 의미였군요!

냥선생 맞아.《원숭이와 게의 싸움》이야기를 한 번 더 생각해 볼까? 이 이야기에서 밤이나 소똥이 각자 원숭이를 쓰러뜨릴 만한 재능을 갖고 있었던 건 아니야. 그저 자신의 특성을 이해한 다음 각자 상황에 맞는 최적의 행동을 취했을 뿐이지.

마찬가지로 **주변 상황을 제대로 파악하지 못하면 자신이 가진 특성이 도움이 될지 어떨지도 판단할 수 없네.** 능력을 올바르게 발휘하려면 소똥은 문 앞에 두고 밤은 화로에 숨겨야 해.

요즘은 IQ보다 EQ가 대세?

냥선생   IQ 이야기가 나온 김에 EQ에 대해서도 다뤄보자. EQ
는 '마음의 지능지수'라고도 불리는 능력인데, EQ가
높은 사람은 자신의 감정을 다스릴 줄 알고 타인의 감
정을 금방 읽어내지.

제자   IQ는 머리가 좋은 정도를 나타내는 숫자니까 EQ는
다른 사람들과 잘 지내는 능력을 나타내는 숫자라고
보면 될까요?

냥선생   그것도 얼추 맞는 말이야. 원래는 예일대학교 연구진
이 1990년대에 처음 발표한 개념인데 연구진은 "사회
에서 성공한 사람은 하나같이 EQ가 높다"라고 주장했
어. 관련 연구는 이후에도 계속됐고, 일이 성공하는 이

유 중 90퍼센트는 EQ가 원인이라고 하는 경영학자까지 나올 정도였어.◆

제자　예일씩이나 되는 명문대에서 말하는 거라면 틀림없을 것 같은데요…….

냥선생　하지만 후속 연구가 진행되면서 EQ의 중요성에 잇따라 의문이 제기됐지. 영업 사원 수백 명을 대상으로 한 연구에서는 그들의 EQ와 IQ를 조사한 다음 영업 성적과 대조했어. 그 결과 EQ가 높다고 해서 성과가 뛰어나지는 않았고, 오히려 IQ가 높은 사람의 영업 성적이 더 높았다고 해.◆◆

제자　조금 전까지 중요하지 않다고 했던 IQ보다도 무의미하다니…….

냥선생　더 신뢰할 만한 데이터로는 일리노이대학교에서 실시한 메타분석이 유명해. 메타분석이 뭐냐면…….

제자　다양한 자료를 모아서 신뢰도 높은 결론을 끌어내는

◆　　리더십 전문가로 유명한 경영학자 워런 베니스Warren Bennis의 주장.[23] 베니스는 EQ가 IQ나 전문 지식보다 중요하며 사회적 성공의 85~90퍼센트를 차지한다고 생각했다.

◆◆　　펜실베이니아대학교 연구진은 2013년, 사업가 수백 명의 EQ와 IQ를 조사하고 영업 실적과 비교했다. 그 결과 EQ와 업무 성과는 아무런 관련이 없었지만, IQ와 영업 실적 사이에서는 뚜렷한 상관관계가 발견됐다.[24]

연구 방법, 맞죠?

냥선생   그래. 이 메타분석에 따르면 EQ와 업무 성과 사이의
           관계는 1퍼센트에 지나지 않았지만, IQ는 14퍼센트에
           달했어.◆

제자   이쪽도 IQ의 압승이네요.

냥선생   EQ가 쓸모없다는 것은 아니지만, 연구의 역사가 길어
           지면서 중요성이 낮아지고 있다는 것만은 분명해. 앞
           으로는 EQ를 성공에 필수적인 재능으로 다루기 힘들
           겠지.

◆   일리노이대학교 연구진이 2010년에 실시한 분석.[25] EQ와 IQ가 업무 성
과에 어떤 영향을 미치는지 실험한 연구 수십 건을 모아 191개 직종을 조사했다.

성공을 보장하는 능력이
존재하지 않는 이유는?

평균 IQ가 150인 천재 집단에서도
누가 성공할지는 모른다

냥선생   다음으로는 자네들이 '재능'을 발휘하지 못하는 두 번째 이유에 관해 이야기해 볼까. 그건 바로 **인생을 성공으로 이끄는 '특별한 능력'이 있다고 생각**하기 때문이지. 세상에는 '이 능력만 있으면 인생이 술술 풀릴 거야' 하고 생각하는 사람이 많고, 그런 생각 때문에 쓸데없는 걱정을 하는 사람도 흔히 볼 수 있다네.

제자   '특별한 능력'은 앞에서 살펴본 '높은 IQ'나 '노력하는 재능' 같은 건가요?

냥선생   그렇지. '자신감만 있으면 모든 일이 잘 풀린다', '성공하려면 긍정적인 사고가 필수다' 같은 구절을 자기계발서나 경영서에서 본 적 있을 걸세.

제자   맞아요. 책을 보다가 '나는 자신감이 없으니까 안 될 거야', '좀 더 긍정적인 사람이 되어야지' 하는 생각이 들어서 시무룩해지곤 했어요.

냥선생   구체적인 예를 들어보자. '성공에 필수적인 능력'으로는 다음과 같은 것들이 많이 언급되지.

- 높은 IQ
- 높은 자신감
- 긍정적인 사고
- 꾸준히 노력하는 힘
- 많은 연습

제자   전부 엄청 중요한 거잖아요? 이것만 있으면 무조건 성공한다, 까지는 아니더라도 사회에서 활약하는 데 도움이 되는 능력 아닌가요?

냥선생   그렇지 않아. **지금 이야기한 능력을 갖고 있어도 뛰어난 성과를 거둘 수 있을지는 누구도 예측할 수 없어.**

제자   정말요? 믿기지 않는데요.

냥선생 그렇다면 우선 IQ의 중요성부터 짚고 넘어가 볼까. 굳
이 설명할 필요 없겠지만 IQ는 인간의 지능 발달 정도
를 보여주는 수치인데, 이 수치가 높을지 낮을지는 태
어나자마자 정해지다시피 한다네.

제자 결국 IQ가 높으면 머리가 좋다는 거로군요. 심지어 타
고나는 능력이고요. 머리가 좋으면 아무래도 인생에서
성공하기 쉽지 않을까요?

냥선생 '인생의 성공'이라고만 하면 평가하기 애매하니까, 여
기서는 이해하기 쉽게 '보유 자산'이나 '사회적 지위'
로 생각해 보자. 이 두 가지를 손에 넣은 사람이라면
성공한 인생을 산다고 봐도 별문제 없을 테니까. 스스
로 느끼는 행복도 중요하지만 수치화하기 힘들잖나.

제자 그렇죠. 자산과 지위를 기준으로 판단하면 적어도 그
사회에서 어떤 평가를 받고 있는지는 알 수 있을 것 같
아요.

냥선생 IQ와 성공에 관해서 1920년대 스탠퍼드대학교의 심
리학자 루이스 터먼Lewis Terman이 대규모 조사를 실시
했네. 터먼은 미국 학교에서 우수한 학생 1,528명을
모은 다음 그들이 어떤 인물로 성장하는지 35년에 걸

쳐 조사했어.* 학생들의 IQ는 135에서 200 사이였고,
170 넘는 학생도 77명이나 됐지.

제자   일반인의 IQ는 90~100 정도니까 거의 천재 집단이
네요. 이거 기대해 볼 만한데요.

냥선생   하지만 연구에 참여한 학생 가운데 어른이 되어서도
천재적인 재능을 보인 사람은 없었네. 개중에는 교수
나 의사나 경영자가 된 사람도 있기는 했지만, 전체적
으로 평범한 직업에 종사하는 사람이 많았고 연구진도
"지능과 성공 사이에는 아무 관련이 없다. 연구 대상
중에서는 노벨상 수상자도 퓰리처상 수상자도 피카소
처럼 이름난 예술가도 나오지 않았다"라고 발표했어.

제자   머리 좋은 사람을 1,500명이나 모아도 그렇다니.

냥선생   오히려 연구 대상으로 선정되지 못한 학생 중에서 훗
날 노벨상을 받은 사람과 세계적인 음악가가 된 사람
이 각각 두 명씩 나왔지.**

◆   심리학 분야에서 기록적으로 오래전부터 긴 시간에 걸쳐 이루어진 종단
연구longitudinal study 중 하나다.[1] 영재들이 성인이 될 때까지 어떤 발달 과정과 특징을
보이는지 조사했으며, 이 연구 결과로부터 다섯 권의 책과 수십 편의 논문이 나왔다.

◆◆   윌리엄 쇼클리William Shockley와 루이스 앨버레즈Luis Alvarez. 각각 1956년과
1968년에 노벨 물리학상을 받았다.

제자	뭔가 슬프네요. 하지만 이건 세계적인 수준으로 성공한 사람을 조사한 거잖아요. 그 정도까지는 아니고 우리 주변에서 볼 법한 성공이라면 예측할 수 있지 않을까요?
냥선생	**물론 IQ가 인생에 어느 정도 영향을 미치긴 해.** 한 연구에 따르면 날 때부터 IQ가 높은 사람은 물리학자, 엔지니어, 신경외과 의사와 같은 직업에서 활약하기 쉽다고 하지. 그 덕분에 IQ가 높은 사람은 소득도 높아서 IQ가 1포인트 올라갈 때마다 연봉은 평균 약 200달러에서 600달러까지 올라갔다고 해.◆
제자	역시 IQ가 높을수록 유리하잖아요!
냥선생	그렇게 생각할 수도 있지만, 이 말이 곧 IQ가 평범한 사람이 불리하다는 건 아냐. CEO 2만 6,000명을 조사한 연구에 따르면 그들은 다른 노동자들보다 12배나 많이 벌었지만, IQ는 평균 수준인 사람이 대부분이

◆   보스턴대학교 연구진은 미국의 베이비 붐 세대 7,403명을 대량으로 추적 조사해 IQ 테스트 결과가 1포인트 올라갈 때마다 연 수입이 어떻게 변하는지 확인했다.[2] 그 결과 IQ와 연 수입에는 일정한 상관관계가 있었지만, 현재 총자산액은 IQ가 평균을 밑도는 사람이라도 IQ가 높은 사람과 큰 차이가 나지 않는다는 사실이 밝혀졌다. IQ가 높은 사람은 위험한 투자에 빠지기 쉽고 과소비나 도박으로 인해 파산하는 사례가 많기 때문으로 보인다.

었어. 그중에는 IQ가 평균을 밑도는 CEO도 드물지

않았고.♦

제자   아하, IQ가 낮다고 해서 돈을 못 버는 것은 아니라는

거군요?

냥선생   결국 높은 IQ는 복잡한 기술이 필요한 직업에서는 유

용하지만, 그렇지 않은 직업에서는 이점을 제대로 활

용하기 힘들다고 볼 수 있지.

제자   뛰어난 지능을 활용할 수 있는 직업은 한정적이니까요.

부잣집에서 태어나면 유리할까?

냥선생   그 밖에도 IQ와 부모의 경제적 상황을 통해 장래 수

입을 예측할 수 있는지 조사한 대규모 연구도 있어. 즉

IQ가 높고 부유한 부모를 둔 아이들이 성장하면 얼마

♦   뉴사우스웨일스대학교 연구진은 2만 6,000명의 CEO를 변호사 6,000명,
의사 9,000명, 엔지니어 4만 명, 대졸 금융전문가 9,000명과 비교했다. 그 결과 '고위
간부'는 우리가 생각하는 만큼 똑똑하지 않았다. 연구진은 "우리가 조사한 CEO들은
어떤 분야의 인지능력에서도 엘리트 그룹에 속하지 않았다"라고 결론지었다.[3]

나 부자가 될 수 있는지 조사한 것이지.♦

제자 어느 쪽이든 간에 부자가 될 확률이 커질 것 같은데요.

냥선생 그렇게 생각하겠지. 하지만 **실제로는 '부모의 부유함'과 '타고난 IQ' 두 가지 요소를 모두 합쳐도 장래 연 소득의 약 14퍼센트만 설명할 수 있었어.**

제자 태어날 때부터 머리가 좋고 가정환경이 여유로워도 겨우 그 정도인가요?

냥선생 그래. 다시 말해 IQ로 미래의 성공을 설명할 수는 없어. 그러니까 **지능이 낮은 사람은 핸디캡을 짊어졌다고 생각할 필요 없고, 지능이 높은 사람도 자신이 남들보다 위에 있다고 생각해서는 안 돼.**

제자 IQ로 미래의 성공을 점치기는 힘들군요……．

냥선생 현재까지 IQ로 비교적 정확하게 예측할 수 있는 건 '학력'이야. IQ가 높으면 좋은 대학교에 들어갈 확률이 높아지거든.

제자 그것만 해도 어디예요.

♦　덧붙여서 해당 연구에서 IQ의 베타계수는 부모의 경제적 상황보다 3배 더 높게 나타났다. 베타계수는 독립 변인(여기서는 IQ 및 부모의 경제적 상황)이 종속 변인(여기서는 장래의 소득)에 얼마나 큰 영향을 미치는지 수치화한 것이다. 따라서 가정환경보다 타고난 두뇌가 더 중요하다고 볼 수는 있다.[4]

냥선생   인생의 성공 여부를 학력으로 판단하는 사람이라면 그
         것만으로 충분하겠지. 하지만 나고야대학교의 조사에
         따르면 **졸업한 대학교의 지명도와 소득은 거의 관계가**
         없었어.✦ 좋은 고등학교나 대학교를 들어가더라도 미
         래의 성과에는 영향을 미치지 않는다는 거지.

제자   듣고 보니 학교 공부와 업무는 완전히 다르긴 하네요.

냥선생   학력으로 직업적인 성과를 예상할 수 없다는 말은, 이
         름난 학교에 들어가더라도 미래가 어떻게 될지는 아무
         도 모른다는 말이기도 해. 자네도 좋은 대학교에 들어
         가기 위해 살아가는 게 아니잖나?

제자   그렇죠. 졸업한 뒤에도 삶은 쭉 이어지니까요.

냥선생   **IQ는 우리의 미래를 결정하는 요인이 아니라네.** 과학
         연구를 위한 지표로는 큰 의미가 있지만, 개인이 사용
         하는 잣대로서는 허술하기 그지없지. 물리학자인 스티
         븐 호킹은 "자신의 IQ를 자랑하는 사람은 패배자다"라
         고 말했는데, 맞는 말이야.

제자   앞으로 IQ 따위 신경 쓰지 않겠습니다!

✦   나고야대학교 연구진은 일란성 쌍둥이가 서로 다른 대학교에 진학했을
때 이후 연 수입에 어떤 차이가 나는지 조사했다. 그 결과 어떤 대학교에 진학하든 두
사람 사이에서 임금 차이는 거의 나타나지 않았다.[5]

자신감이 넘치면 성공할 수 있을까?

냥선생   이어서 '**자신감**'에 대해서도 살펴보자. 자신감이 있으
면 성공할 수 있다는 조언을 들어본 적 있나?

제자   '이유 없는 자신감을 가져라', '인생의 성공은 자신감
으로 결정된다' 하는 거죠? 그 말대로 자신감이 넘치
면 어떤 일이든 적극적으로 나설 수 있을 테고, 그만큼
성과도 뒤따라오지 않을까요?

냥선생   그렇게 간단하지 않아. 오하이오주립대학교 연구진이
자신감에 관한 선행 연구 81건을 망라한 메타분석을
살펴볼까. 메타분석이 뭔지는 더 설명할 필요 없겠지?

제자   데이터를 잔뜩 모아서 한 가지 데이터만 볼 때보다 더
신뢰도 높은 결론을 끌어내는 연구법이잖아요.

냥선생   맞아. 해당 메타분석에 따르면 자존심과 업무 성과의
상관관계는 0.26으로 나타났어. 이 정도면 통계적으
로는 관계가 있지만, 현실에서는 거의 상관이 없다고
봐도 좋은 수준이지.♦ 이 수치를 기반으로 얼추 계산

♦   해당 연구는 자존심(자신에 대한 긍정적인 감정)과 자기효능감(자신에게 목표
를 달성하기 위한 능력이 있다고 인식하는 것)이 업무 성과에 얼마나 영향을 미치는지 살
펴본다.[6] 자존심의 상관 계수는 0.26이고 자기효능감의 상관 계수는 0.23이었다.

해 보면 성공에서 자존심의 중요성이 차지하는 비율은 9퍼센트 내외라네.

제자 **자신감이 넘친다고 해서 일을 잘하는 건 아니구나.**◆

냥선생 하나 더, 노스이스턴대학교 연구진은 학생들을 대상으로 '당신은 자신감이 있습니까?'라고 질문한 다음 5년 뒤에 추적 조사를 했어.◆◆ 그러자 첫 번째 조사에서 **자신감이 있다고 답한 학생은 주위에서 '신뢰할 수 없는 사람' 내지는 '거짓말쟁이'라고 여겨지는 확률이 높았다네.**

제자 자신만만한 사람일수록 미움받기 쉽다는 건가요?

냥선생 그렇지. 매사 자신감 넘치는 사람은 남들보다 불안감이 적다 보니 능력을 길러야 한다는 의욕이 생기기 힘

◆ 펜실베이니아주립대학교의 실험에서도 비슷한 결과가 나왔다.[7] 연구진은 학생들로 이루어진 참가자 중 절반에게 "당신은 능력 있는 사람이다"라고 말하며 근거 없는 자신감을 갖도록 유도했다. 그 결과 근거 없는 자신감을 가진 학생일수록 다음 시험에서 성적이 떨어졌는데, 자신의 이전 평균 점수에도 미치지 못할 정도였다. 근거 없는 자신감으로 인해 자신이 가진 재능에 안주하면서 공부에 대한 동기가 낮아졌기 때문으로 보인다.

◆◆ 남녀 101명을 대상으로 이루어진 조사.[8] 연구진은 조사 대상의 자신감과 주위 사람들의 평가를 조사한 다음 "일반적인 생각과 달리 자신감은 낮을 때보다 높을 때 더 큰 악영향을 미친다. 비대해진 자아상에 속을 뿐만 아니라 타인과의 커뮤니케이션에서도 불리해진다"라는 결론을 내렸다.

들거든. 그래서 늘 불안한 사람보다 능력이 발전하지 않는 사례가 많아.

그 결과 실제 성과는 고만고만한데도 자신의 능력을 조금도 의심하지 않지. 이러한 유형은 자아상이 비대해진 탓에 타인의 의견을 받아들이지 못하고 자기 자신을 특별한 인간이라고 여기는 생각이 강하단다.

제자 그러면 남들에게서 호감을 사기 힘들죠.

냥선생 덧붙여서 **외모에 자신 있다는 사람들을 조사한 연구에 따르면 실제로 주위에서 미남미녀라고 생각하는 비율은 절반에 지나지 않았어.** 비슷한 경향은 지능이나 성격에서도 확인되니까, 자신의 외모나 능력에 관해서는 주변 사람들의 평가가 반쯤 어긋난다고 볼 수 있지.♦ 자신을 높이 평가하는 사람 대부분은 그저 현실을 자기 입맛에 맞게 왜곡하고 있을 가능성이 커.

제자 흐음⋯⋯. 현실에서는 자신감 넘치는 사람이 미움받는다고 해도 '이유 없는 자신감을 가져라' 같은 조언은 늘 인기 있는걸요. 그건 왜일까요.

♦ 　일리노이대학교 에드 디너Ed Diener의 연구를 참고.[9] 학생들의 신체적 매력, 주관적인 행복감, 주위 사람들의 평가 등을 조사해 각각의 상관관계를 살펴보고 있다.

냥선생   자신감이 중요한 자질이라고 여겨지는 이유는 간단해. 자신감 넘치는 사람 대부분은 나르시시즘이 강해서 자신의 성공이나 행복을 부풀려서 떠벌리기 마련이거든. 하지만 보통 사람들은 생각보다 의심이 많지 않아서 당당하게 행동하는 사람을 보면 자기도 모르게 상대방의 말을 믿게 되지.

제자   **확실히 쭈뼛쭈뼛하는 사람보다는 자신감 넘치는 사람의 말이 더 믿음 가기는 해요.**

냥선생   하지만 업무 성과가 뛰어난 사람들에 관한 연구를 모아봤더니 실제로는 자신감과 능력 사이에 큰 관계가 없었어. **일류로 손꼽히는 사람들이 자신감 넘치는 태도를 보이더라도 그건 그들이 실제로 남들보다 훨씬 유능하기 때문이야. 다시 말해 높은 자신감이 아니라 뛰어난 능력을 갖추는 것이 중요하지.**

제자   결국 정설로 마무리되네요…….

부정적인 사고보다 긍정적인 사고가 좋다?

냥선생   '자신감' 못지않게 **'긍정적인 사고'**도 성공에 빼놓을 수 없는 능력이라고들 하지.

71

제자   긍정적으로 생각하면 의기소침해지지 않으니까 무슨 일을 하든 쭉쭉 진행될 것 같은데요.

냥선생   그것도 경계할 필요가 있는 사고방식이야. 한 연구에서는 대학원 학생들을 대상으로 '평소 얼마나 긍정적으로 생각하는가?', '긍정적으로 생각하는 횟수는?' 하는 것들을 물어봤어.

그리고 2년 뒤에 다시 조사해 보니 **긍정적인 생각을 자주 하는 학생일수록 졸업 후 고용 오퍼를 적게 받고 연봉도 낮았지. 오히려 삶에 대해 부정적으로 생각하는 학생의 연봉이 더 높았고.** ◆

제자   부정적인 사람이 성공한다고요? 이유가 뭔가요?

냥선생   이유는 간단해. **긍정적인 사람은 부정적인 사람보다 노력을 게을리하는 경향이 있거든.** 미래를 낙관적으로만 보니까 '나는 괜찮아' 하는 생각에 지금 상태를 바꾸려고 하지 않을 가능성이 커지지.

제자   긍정적이라서 위기의식이 옅어지는 거로군요.

냥선생   다른 연구에 따르면 **긍정적인 사람일수록 좌절에 약하**

◆   뉴욕대학교 가브리엘레 외팅겐Gabriele Oettingen의 연구를 참고.[10] 연구진은 학생들을 대상으로 졸업 후 자신의 진로를 긍정적으로 상상하게 했는데, 미래를 긍정적으로 상상한 학생일수록 출석률과 성적이 낮고 고용 오퍼와 월급도 적었다.

기도 해. 미래에 대해 낙관적인 태도를 유지하려고 하면 일이 잘 풀리지 않았을 때의 충격이 더 커지기 때문이지.

제자　무슨 일이든 잘 풀릴 거라고 생각하면 사전 준비도 대충 하게 될 것 같고요.

냥선생　실제로 **긍정적인 사고는 장기적으로 봤을 때 오히려 우울한 감정을 일으킨다는 연구도 많아.** 한 실험에서는 참가자들에게 긍정적인 사고를 권했더니 기분이 좋아진 건 이후 잠깐뿐이었고 한 달 뒤에는 오히려 우울한 감정이 증가했다네.♦ 게다가 평소에도 긍정적으로 사고하는 사람일수록 장기적으로 우울증 증상이 나타날 확률이 높고 그 효과는 7개월 후에도 확인됐지.

제자　긍정적이라서 병에 걸리다니 주객전도네요⋯⋯.

냥선생　애당초 부정적인 사고는 나쁜 것이 아니야. 항상 최악의 사태를 염두에 두면 앞으로 일어날 돌발 상황에 대처하기 쉬워지니까 미래에 대한 불안을 줄일 수 있어. '방어적 비관주의defensive pessimism'라는 심리인데, 에픽

♦　뉴욕대학교에서 진행한 이 연구에서는 학생 67명을 모아 '클라이언트에게 사업 확장을 제안하는 상황'을 상상하게 했다. 그리고 자신의 공상이 얼마나 긍정적인지 순위를 매기게 한 다음 같은 작업을 열두 가지 패턴으로 되풀이했다.[11]

73

테토스나 세네카 같은 고대 그리스 로마 철학자들도 활용한 멘털 트레이닝 기술이지.◆

제자 **듣고 보니 어느 정도 부정적이어야 미래에 대비할 수 있을 것 같네요.**

냥선생 '방어적 비관주의'의 장점은 비즈니스 세계에서도 찾아볼 수 있다네. 특히 사업이나 프로젝트를 시작할 때는 일이 제대로 진행될지보다 '실패를 얼마나 견딜 수 있는지'를 생각해 두어야 성공률이 높아진다는 사실이 여러 연구를 통해 밝혀졌어.◆◆

제자 실패할 가능성은 미리 알아두는 것이 좋겠죠.

냥선생 **그렇다고 해서 긍정적인 사고가 무의미하다는 뜻은 아니야. 긍정적인 사고에도 부작용은 있으니까 올바른 활용법을 알아두지 않으면 그로 인해 낭패를 볼 수 있다는**

◆　　　'방어적 비관주의'는 웰즐리대학교의 심리학자 줄리 노럼Julie K.Norem이 제창한 개념이다. 과거 자신이 얼마나 좋은 결과를 냈든지 간에 새로운 목표에 대해 낮은 기대치를 설정하는 인지 전략을 의미한다. 불안해지기 쉬운 사람일수록 긍정적인 사고보다 방어적 비관주의를 활용해야 한다는 사실이 여러 연구를 통해 밝혀졌다.[12]

◆◆　　　버지니아대학교 다든 경영대학원의 사라스 사라스바티Saras D.Sarasvathy가 제창하고 '이펙추에이션effectuation'이라는 이름으로 이론화한 견해. 해당 이론은 미래는 예측 불가능하다는 것을 전제로 두고 손실이 얼마나 나올지 미리 생각해 둘 것을 장려한다. 연구진에 따르면 성공한 사업가를 분석하여 얻어낸 효과적인 기법이라고 한다.[13]

이야기지.[◆]

제자   '큰 성공을 거둔 모습을 상상해 보자', '늘 긍정적으로 살자' 하는 조언을 흔히 볼 수 있는데 아무 생각 없이 따라 하면 안 되겠네요.

'그릿'은 얼마나 중요할까?

냥선생   이야기를 이어가 보자. 이번에는 **'끈기'**의 중요성에 대해 살펴볼까. 끈기도 성공에 필수적이라고 여겨지는 능력인데, 자기계발 세계에서는 '그릿grit'이라고도 불리지. 간단히 말하자면 어떤 일이든 포기하지 않고 오랜 기간 꾸준히 지속할 수 있는 능력이야. 펜실베이니아대학교의 앤절라 더크워스Angela Duckworth 교수가 '성공의 열쇠'라고 주장해서 화제가 됐지.

제자   앤절라 더크워스 교수가 쓴《그릿》이라는 책도 유명하잖아요. '모든 성공을 결정하는 궁극적 능력'이라고 하

◆   긍정적인 사고의 장점을 보여주는 연구 결과도 많다. 실제로 낙관적인 사람은 비관적인 사람보다 평균 수명이 6년 길다는 보고도 있다.¹⁴ 긍정적인 사고와 부정적인 사고는 각각 장단점이 있으므로 어느 것이 절대적으로 좋다고 볼 수는 없다.

던데요.

냥선생 하지만 이후에 이루어진 여러 연구로 인해 그릿의 장
점도 꽤 퇴색됐어. 예를 들어 미국 노동부 자료를 기반
으로 한 연구에서는 8,000여 명의 그릿과 IQ를 수집
하고 그들이 20년 동안 얼마나 성공했는지 조사했다
네. **그 결과 미래의 수입을 결정하는 데 있어 그릿보다
IQ가 13배나 더 중요했지.◆**

제자 13배씩이나! 엄청난 차이네요.

냥선생 더욱 결정적인 연구는 아이오와주립대학교에서 발표
한 논문이야.◆◆ 과거에 이루어진 그릿 관련 연구에서
7만여 명의 데이터를 정리한 논문인데, 신뢰성이 무척
이나 높지.

제자 아까도 나온 '메타분석'이라는 거로군요.

◆　　텔아비브대학교에서 진행한 연구.[15] 해당 연구에서는 경제적인 성공 외
에 학교 성적과 학위 취득 여부도 함께 조사했는데, 그릿보다 지능이 48~90배나 중
요하다는 결론이 나왔다. 그중에서도 '비율이나 비중 등의 숫자를 활용해 추론할 수
있는가?', '글을 읽을 때 단락 사이의 관계와 각 단락의 역할을 이해할 수 있는가?' 하
는 능력이 중요한 것으로 나타났다.

◆◆　　해당 연구에서 그릿과 학교 성적 사이의 상관 계수는 0.18에 불과했다.
학교 성적을 올리려면 '인지 능력이 얼마나 좋은가?', '공부 습관을 들일 수 있는가?'
쪽이 더 중요해 보인다.[16]

냥선생 　맞아. 결론을 요약하자면 **그릿과 학교 성적은 거의 관계가 없고, 그릿이 높아도 일의 능률은 3퍼센트밖에 개선되지 않는다고 해.** 연구진은 "그릿은 사람들이 생각하는 것만큼 중요하지 않고, 우리가 이미 알고 있는 사실 이상을 이해하는 데 도움을 주지도 않는다"라는 결론을 내렸지.❖

제자 　엄청 단호하네요!

냥선생 　애당초 앤절라 더크워스 교수 본인부터가 "그릿은 아직 진단 검사의 신뢰성이 낮으므로 실제 교육 현장 등에서 활용할 만한 단계는 아니다"라고 말할 정도니까.❖❖

제자 　그릿을 만들어낸 사람이 그런 말을 했다니…….

❖　　다만 6만 6,000여 명의 자료를 대상으로 한 다른 메타분석에서는 그릿이 주관적인 행복감을 높인다는 사실이 확인됐다.[17] 그릿이 성적 향상이나 업무 능력 향상에는 도움이 되지 않는다고 해도 행복하게 살고 싶은 사람에게는 유용할지도 모른다.

❖❖　　앤절라 더크워스가 발표한 리뷰 논문을 참고. 해당 논문에서 저자는 다양한 심리학적 측정법이 갖는 이점과 한계를 설명하고 그릿의 문제점을 다루고 있다.[18]

그릿의 어두운 면과 포기의 중요성

냥선생   '끈기'는 단순히 중요성이 낮은 게 문제가 아니야. 최근에는 끈기의 부정적인 면도 여럿 보고되고 있거든.

제자   노력에 부작용이 있다는 건가요?

냥선생   존스홉킨스대학교에서 발표한 논문이 대표적인데, 연구진은 남녀 500명을 대상으로 일상생활에서 '노력'과 '포기' 중 무엇을 더 많이 사용하는지 조사했어.♦

표현이 약간 애매한데, 예를 들어 최근 뱃살이 부쩍 늘어서 고민될 때 식단 조절이나 운동으로 살을 빼려고 하는 것이 '노력'이고 '체지방이 조금 늘어난다고 해서 건강에 문제가 생기는 것은 아니다'라고 사고방식을 바꾸는 것이 '포기'야.

제자   문제를 해결하려고 노력하느냐 포기하느냐 하는 차이네요.

냥선생   이 설문 조사를 참가자들의 행복도와 비교해 보니 재

♦   논문에서는 각 대응 전략을 '일차적 통제'와 '이차적 통제'라고 부른다.[19] 이는 사회심리학 용어인데 '일차적 통제'는 난관에 부딪혔을 때 환경을 바꾸려는 유형이며 유럽인과 미국인에게서 많이 보인다. '이차적 통제'는 어려운 일이 생기면 자신의 인식을 바꿔서 환경에 적응하려는 유형이며 아시아인에게서 흔하다.

미있는 결과가 나왔어. 어떤 전략을 세우든 인생의 행복도는 높아졌지만 '노력'에 집착하는 사람은 불행하다는 감정도 함께 증가한 거지.

제자 노력하는 사람이 왜 불행해진 걸까요?

냥선생 **일이든 사생활이든 주변에서 일어나는 문제 대부분은 자기 힘만으로 컨트롤할 수 없기 때문이야.** 클라이언트의 실수로 프로젝트가 엎어지거나 상사에게서 말도 안 되는 일로 혼나는 상황이 대표적이라네. 전부 다른 사람이 엮인 문제인 만큼 클라이언트의 실수를 만회하려고 애쓰거나 상사에게 대들어 봐야 사태를 개선하기는 힘들지.

제자 확실히 그건 그렇네요. 다른 사람의 행동을 바꾸기는 힘드니까요.

냥선생 하지만 일어난 일을 일단 받아들이면 적어도 자신의 반응을 컨트롤할 여유는 생기겠지. 그렇게 되면 '같은 잘못을 반복하지 않으려면 무엇을 고쳐야 할까?' 하고 상황을 차근히 분석하거나 '상사에게 안 좋은 일이라도 있었나?' 하고 상대방의 입장에서 생각해 보는 등 에너지를 건설적인 방향으로 쓸 수 있어. 그런 점에서 **'포기'를 사용할 줄 아는 사람은 일상에서 일어나는 다양한 문제에 유연하게 대응할 수 있다네.**

제자   포기하면 스트레스야 덜 받겠죠. 하지만 근본적인 문
제는 해결되지 않잖아요?

냥선생 꼭 그렇지도 않아. 방금 이야기한 연구에 따르면 '포
기'를 잘 활용하는 사람일수록 문제를 해결하는 능력도
뛰어났어. 난관을 받아들일 줄 아는 사람은 눈앞에 놓
인 상황을 냉정하게 볼 수 있어. 그러니까 안 되는 일
을 무리해서 관철하려 노력하는 대신, 다른 사람의 처
지를 이해하고 인간관계로 인한 문제를 손쉽게 해결하
는 거지. '포기'라고 하면 꺼림칙한 이미지가 있지만 실
제로는 부정적인 체험을 넓은 시야로 다시 보는 기회가
되기도 해.

제자   일이 안 풀릴 때는 잠깐 포기해야 상황을 객관적으로
볼 수 있다는 거로군요.

냥선생 다른 연구에서도 난관에 맞서 어떻게든 일을 해내려
하는 사람일수록 스트레스를 많이 받는다는 사실이 밝
혀졌어.＊ 즉 '노력'을 중시하는 사람은 장기적으로 봤을

＊   캘리포니아대학교 연구진은 2021년 남녀 627명을 대상으로 조사를 실
시했다. 해당 조사에 따르면 '인생에서 중요한 것은 노력'이라는 문장에 찬성하는 사
람일수록 신체의 스트레스 반응이 크고 장기적으로 건강 상태가 나빠졌다. 이러한 경
향은 경제적으로 여유롭지 않은 사람에게 더 큰 영향을 미친다고 한다.[20]

때 건강을 해치기 쉽다는 거지.

제자   제 주변에도 많아요, 매일같이 노력하다가 건강을 잃은 사람들.

냥선생 노력하는 자세는 나쁘지 않지만, 그 중요성을 지나치게 강조하는 풍조는 큰 폐해를 낳는다네. 성실한 사람일수록 '끈기'의 부작용을 알아두는 게 좋겠지.

연습은 얼마나 중요할까?

냥선생 마지막으로는 '<u>연습의 중요성</u>'을 이야기해 보자. 연습을 거듭하면 누구나 일류가 될 수 있을까?

제자   에이, 그래도 연습은 중요하죠. '연습만 하면 무조건 천재가 될 수 있다'까지는 아니라도 연습의 중요성이 과학적으로 증명됐다는 이야기는 종종 듣잖아요. '1만 시간의 법칙'도 유명하고요.

냥선생 플로리다주립대학교의 논문을 계기로 널리 퍼진 이론이지. 연구진은 세계적으로 뛰어난 예술가와 운동선수를 30년에 걸쳐 조사한 다음 "어떤 분야든 일류에 속하는 사람들은 철저한 연습을 수없이 거듭해 왔다"라

는 결론을 내렸어.[◆]

이 연구 결과를 유명 언론인 말콤 글래드웰Malcolm Glad-well이 '철저한 훈련을 1만 시간 거듭하면 누구든 그 분야의 전문가가 될 수 있다'라는 캐치프레이즈로 알기 쉽게 정리한 거지.^{◆◆}

제자 '1만 시간 노력하면 누구든 일류가 될 수 있다!' 요즘도 자주 보이는 문장이죠. 30년씩이나 연구했으니까 정확한 결과 아닐까요?

냥선생 유감스럽게도 그렇지는 않아. 이후에 진행된 연구로 **'1만 시간의 법칙'에도 커다란 의문점이 제기되고 있거든.**

제자 네? 이번에도요?

냥선생 미시간주립대학교에서 발표한 메타분석이 대표적인데, 연구진은 프로 체스 선수와 음악가의 데이터를 다시 분석했어. 그러자 피험자의 연습량과 성과의 관계는 너무 제각각이라서 이렇다 할 결론을 내릴 수 없었지.

◆ 플로리다주립대학교의 앤더스 에릭슨Anders Ericsson은 바이올리니스트와 피아니스트를 대상으로 한 연구를 통해 "뛰어난 퍼포먼스에서 나타나는 개인차는 과거와 현재 연습 수준의 양적 차이로 대부분 설명할 수 있다"라는 결론을 내렸다. 반면 개인의 재능(유전적 소양)은 관계가 없다시피 하다고 주장했다.[21]

◆◆ 말콤 글래드웰의 저서 《아웃라이어》.

제자   연습량과 성과 사이에 뚜렷한 관계가 없었다는 의미인
        가요?

냥선생   그래. 음악가를 대상으로 한 조사를 보면 어떤 아티스
        트는 특정 기술을 2년 만에 익혔지만, 같은 기술을 익
        히는 데 20년이나 걸린 사람도 있었다고 해. **다시 말
        해 연습량이 적은데도 전문가가 된 사람이 잔뜩 나온
        거야.**◆

제자   연습을 많이 해도 성과가 좋지 않은 경우도 있었다는
        건가요? 그럼 연습량과 성과 사이에 뚜렷한 관계가 없
        다는 거네요?

냥선생   분석을 통해 밝혀진 건, 연습의 영향력이 생각보다 작
        다는 사실이야. 계산에 따르면 **어떤 분야를 마스터하기
        위해 필요한 요소 가운데 연습의 중요성이 차지하는 비
        율은 12퍼센트에 지나지 않았어.**◆◆

제자   그것밖에 안 된다고요?!

◆   그 밖에 연구진은 "집중적인 연습은 생각만큼 중요하지 않다", "전문가의
능력을 둘러싼 연구는 연습 시간이 아니라 '연습 시간 외에 무엇이 중요한가?' 하는
문제로 초점을 옮겨야 한다" 등을 지적하고 있다.[22]

◆◆   연습의 중요성은 분야에 따라 다른데, 구체적으로 게임은 26퍼센트, 음악
은 21퍼센트, 공부는 4퍼센트, 전문직은 1퍼센트로 나타났다.

냥선생 바이올리니스트를 대상으로 한 다른 조사에서는 **수준급 연주자의 연습량이 평범한 연주자보다 적은 경향도 확인됐지.**◆

제자 법칙의 신뢰도가…….

냥선생 연습의 중요성에 관해 확실한 결론은 아직 나오지 않았어. 다만 최근에 이루어진 연구는 하나같이 '연습량으로는 퍼포먼스의 차이를 설명할 수 없다'라는 결론을 내리고 있지. 전체적으로 '1만 시간의 법칙'을 부정하는 연구의 질이 높기도 하고.

제자 **연습 자체는 의미 있지만 그렇게까지 중요하지는 않을 가능성이 크군요.**

냥선생 통계적으로 보면 연습의 중요성은 의심할 여지가 없지. 하지만 연습의 효과는 '1만 시간의 법칙' 지지자들이 주장하는 만큼은 아니야. **일류와 평범한 사람의 간극은 연습량만으로 메울 수 없다네.**

◆ 케이스웨스턴리저브대학교 연구진이 바이올리니스트 39명을 대상으로 한 조사.[23] 앞서 이야기한 앤더스 에릭슨의 선행 연구(1993)를 재현한 것으로, 연습량의 차이는 바이올린 기술의 26퍼센트밖에 설명하지 못했다. 1993년 연구에서는 '연습의 중요성이 차지하는 비율은 48퍼센트'라는 결론이 나왔다.

노력이 보상받는 조건은 따로 있다

제자 왠지 슬프네요. '1만 시간의 법칙'은 결국 뭐였을까요.

냥선생 슬퍼할 것까지야. 지금까지 보여준 데이터는 연습이 중요하지 않다는 사실을 뒷받침하는 것이 아니라네. 실제로는 **어떠한 조건을 갖추면 연습의 중요성이 올라간다는 사실도 밝혀졌어.**

제자 연습이 보상받는 세계가 존재했군요!

냥선생 그 조건이 무엇인지 알아볼까. **첫 번째, 훈련 방법이 이미 확립된 분야에서는 연습의 효과를 볼 수 있어.** 프로 스포츠, 수학, 체스 같은 분야는 지금까지 수십 년에 걸쳐 확립된 훈련 방법이 있잖아? 이런 분야에서는 정석을 그대로 따라가기만 해도 연습의 성과가 나오기 마련이지.

제자 훈련 방법이랄 만한 것이 없으면 어떻게 하죠.

냥선생 **두 번째로, 어떤 분야에 처음 발을 들일 때는 전문 지식을 지닌 코치의 지도를 받아야 해.** 제대로 기술을 갖춘 선배가 있고, 올바른 연습 방법을 배울 수 있는 분야가 아니라면 연습의 효과를 보기는 힘들지.

제자 이 조건도 스포츠나 체스에 들어맞네요.

냥선생 다시 말해 '1만 시간의 법칙'은 훈련 방법이 확립되지 않은 세계에서는 작용하기 힘들어. 그러한 세계에서는 철저히 연습하는 일 자체가 불가능하기 때문이지.

제자 그렇다면 수학처럼 역사가 긴 학문이나 프로 스포츠 같은 세계가 아니면 연습에 대한 보상을 받기는 힘들 겠네요.

냥선생 게다가 현대 사회는 하루가 다르게 변하다 보니까 기존의 규칙에 얽매이지 않는 발상을 요구하거나 불과 얼마 전까지만 해도 존재조차 하지 않았던 문제와 맞닥뜨릴 때가 많아.

예를 들어 동영상을 활용한 마케팅이나 SNS 리스크 관리 같은 업무는 십수 년 전에는 상상도 못 했겠지? 이런 업무에 도움이 되는 훈련 방법은 아직 존재하지 않으니까 '1만 시간의 법칙'도 효과를 내기 힘들어.

제자 그렇다면 **'1만 시간의 법칙'은 대다수 사람과 인연이 없겠네요.**

냥선생 맞아. 기초적인 영역에서는 명확한 훈련 방법이 존재하더라도 일정 수준에 도달하면 정해진 길이 없는 분야가 많으니까.

제자 그나저나 연습의 중요성이 겨우 12퍼센트뿐이라면 나머지 88퍼센트는 재능인가요? 역시 노력보다 재능이 더 중요한 건가요?

냥선생　지금 이야기한 연구들은 재능과 연습의 영향력을 비교
하기 위한 게 아니야. 다시 말해 **높은 성과를 보이는 사
람들의 성공 요인을 살펴봤을 때, 연습을 제외한 88퍼
센트를 '다른 요인'이 차지하고 있었다는 의미지.**

제자　그 88퍼센트만 밝혀지면 누구나 능력자가 될 수 있겠
네요! '다른 요인'이라는 건 뭐죠?

냥선생　몰라.

제자　네?

냥선생　**'다른 요인'에 영향을 주는 요소가 너무 많다 보니 그중
무엇이 퍼포먼스를 결정하는지는 아무도 밝혀내지 못
했어.** 구체적으로 신체적 특징, 성격, IQ, 상상력, 모티
베이션, 운 등이 언급되지만, 다들 우리가 가진 능력을
좌우하는 요소 중 일부에 지나지 않아.

제자　**일류가 되는 데 필요한 능력은 무수히 많다는 거군
요…….**

냥선생　게다가 어떤 요소든 간에 유전과 환경이 얽혀서 영향
을 주고받고 있지. 거기서 **연습과 재능의 중요도를 분
리하는 것은 푹 익어서 흐물흐물해진 수프에서 원재료
를 건져내려는 일이나 마찬가지야.**

제자　현실적으로 불가능하다는 말이죠? 그나저나 설명을
듣고 있자니 '노력'이 무의미하다는 생각이 들기 시작

하네요. 힘들게 연습하든 조금씩 꾸준히 하든 성과에 별 영향을 주지 않는다면 아무리 노력해 봐야 결국 시간 낭비 아닌가요?

냥선생 그렇지 않아. 최근에 이루어진 여러 연구에 따르면 **'과거의 자신을 뛰어넘기 위한 노력'에는 의미가 있다고 해.**

제자 무슨 뜻인가요?

냥선생 방금 '1만 시간의 법칙'을 부정했지만, 여기서 소개한 논문의 요지는 어디까지나 '특정 집단 내에서 인정받는 기술의 차이는 연습만으로는 설명할 수 없다'에 불과해. 집단 내에서 나타나는 능력의 분포를 보는 거지.

제자 으음, 무슨 말인지 알 것 같기도 하고……

냥선생 예를 들어 자네가 '다른 사람을 이기기 위해', '회사 내에서 능력을 인정받기 위해' 애쓴다면 그 노력이 실제로 보상받을 수 있을지 없을지는 전혀 예상할 수 없어. 자네가 집단 속에서 노력하고 있기 때문이지.

제자 아무리 노력해도 이길 수 없는 사람은 어느 세계에나 있죠.

냥선생 하지만 어떤 논문을 보더라도 개인의 실력 자체는 연습으로 향상된다고 나와 있어. 그러니까 **'타인을 이기기 위해서'가 아니라 '과거의 나를 이기기 위해서'라면 노력은 배신하지 않는다고 볼 수 있지.**

이능의 발견

제자　　　앞으로는 그렇게 생각해야겠어요.

인생은 ○○ 하나로 결정된다?

냥선생　　지금까지 한 이야기를 정리해 보자. 이번 장의 핵심은
　　　　　두 가지라네.

- 성공을 보장하는 능력은 없다.
- 성공에는 수많은 요소가 영향을 미친다.

　　　　　가장 중요한 건, 성공에 결정적인 영향을 미치는 능력
　　　　　은 지금까지 하나도 발견되지 않았다는 사실이야. 앞
　　　　　서 몇 번이나 살펴봤듯이 세상 사람들이 떠받드는 능
　　　　　력은 생각만큼 영향력이 크지 않고 때로는 부작용을
　　　　　가져오기도 하지.

제자　　　머리로는 알아도 '인생은 ○○ 하나만 있으면 된다!'
　　　　　하는 이야기에는 솔깃해지더라고요. 그런 이야기를 듣
　　　　　고 나면 성공의 열쇠를 손에 넣었다는 생각에 의욕이
　　　　　확 생기니까요.

냥선생　　실제로 '성공을 좌우하는 능력'은 학계의 단골 연구 주

제라네. 개중에는 유명한 연구자가 제창해 일대 붐을 일으키는 이론도 있고, 명확한 자료를 기반으로 설득력 있는 논의가 전개되는 사례도 많아.

하지만 그 붐은 오래 가지 못하고 후속 연구에서 '별 영향력은 없다'라는 결론이 나오면서 유행이 사그라들지. 결국 **대다수 논의는 '성공에는 다양한 능력이 연관되어 있으므로 어느 한 가지 요소만 꼽을 수는 없다'라는 결론으로 마무리돼.**

제자 왜 같은 일이 되풀이되는 걸까요?

냥선생 어쩔 수 없지. 인간은 간결한 답을 원하는 생물이니까. '성공은 수많은 원인이 복잡하게 얽힌 문제'라는 진실을 이야기해 봐야 아무도 들어주지 않거든.

제자 흐음…….

냥선생 다시 말해 인생을 좌우하는 능력 같은 건 존재하지 않으니까 '자신감만 있으면 돼!'라거나 '매사 부정적이니까 나는 안 될 거야' 하고 일희일비해 봐야 아무 의미가 없어. 그럴 시간이 있으면 앞서 몇 번이나 설명했듯이 자신이 가진 특성을 올바른 곳에 배치하는 방법을 고민하는 쪽이 훨씬 유익하겠지.

제자 앞으로는 유행에 휩쓸리지 않도록 조심하겠습니다!

이능의 발견

성공하려면
'유연한 마인드셋'은 필수?

냥선생 긍정적인 사고와 비슷한 요소로 '유연한 마인드셋'도
유명하지. 스탠퍼드대학교의 캐럴 드웩Carol Dweck이
30년에 걸쳐 발전시킨 개념인데 '하면 된다'라고 생각
하는 사람일수록 성공에 가까워진다는 사상을 의미한
다네. 드웩의 연구에 따르면 '나는 바뀔 수 있다'라고
믿는 사람은 공부나 일에 의욕적으로 몰두할 수 있어
학교나 직장에서 뛰어난 성과를 거두었다고 해.

제자 그 정도로 오래 연구한 개념이라면 어느 정도 효과가
있지 않을까요? '나는 안 될 거야'보다는 '하면 된다'라
고 생각하는 쪽이 의욕도 높아질 것 같고요.

냥선생 하지만 최근에는 마인드셋에 대한 부정적인 연구도 점

점 늘고 있어. 미시간주립대학교에서 발표한 메타분석이 유명한데, 연구진은 37만여 명의 과거 데이터를 분석해 마인드셋이 학교 성적에 도움이 되는지 재조사했어.[24] 마인드셋 관련 메타분석 중에서는 가장 큰 규모지.

제자   37만 명이나 되니까요.

냥선생 분석 결과를 한마디로 정리하면 마인드셋의 효과 크기는 0.08에 지나지 않았단다.

제자   효과 크기가 뭔가요?

냥선생 마인드셋으로 인해 학교 성적이 얼마나 오르는지를 나타내는 숫자라고 보면 돼. 보통 0.1~0.2 정도면 '의미가 있다'라고 보니까 0.08은 '거의 무의미하다'라고 해도 반박하기 힘든 수준이지.

제자   그렇군요…….

냥선생 불리한 연구는 아직 더 남아 있어. 2020년에 이루어진 메타분석에서는 마인드셋에 관한 연구 63건을 분석한 다음 대다수 실험에 하나 이상의 오류가 있다고 보고했어. 과거 연구에서 나타난 마인드셋의 효과는 실험의 오류로 인한 것이라는 주장이지.[25]

제자   이것도 뼈아픈 지적이네요.

냥선생 마인드셋이 아주 무의미하지는 않지만 그 효과는 꽤

제한적이라고 봐야겠지.◆

제자 세계적으로 유명하다고 해서 무조건 효과적인 건 아니
군요.

◆ 　다만 마인드셋이 완전히 파기된 것은 아니다. 노스캐롤라이나주립대학교
연구진은 53건의 연구를 정리한 메타분석을 통해 "유연한 마인드셋을 이용한 트레이
닝으로 성적이 올라간 학생도 있었다"라고 지적했다.[26] 다만 같은 트레이닝으로 오히
려 성적이 떨어진 사례도 보고됐으므로 마인드셋의 효과는 제한적인 것으로 보인다.

왜 인생은 '타고나는 것'만으로 정해지지 않을까?

인생은 정말 유전으로 결정될까?

냥선생   많은 이들이 재능을 발휘하지 못하는 세 번째 이유는 **인생이 '타고나는 것'으로 결정된다고 생각하기 때문이야.** 우리가 발휘할 수 있는 능력은 태어날 때 이미 정해져 있다는 거지.

제자   그러고 보니 '인생은 부모로부터 물려받은 유전자로 결정된다'라느니 '타고난 재능이 없으면 노력해 봐야 무의미하다' 하는 이야기를 자주 들었어요. 반대로 '인생의 50퍼센트는 유전으로 결정되더라도 나머지는 노력이 좌우하므로 희망은 있다'라는 의견도 있죠.

냥선생   맞아. 최근 유전에 관한 연구가 진전되면서 이런 주장을 흔히 볼 수 있게 됐지.

제자   인생에서 유전이 그렇게 중요한 건가요?

냥선생   그럼. 지적 수준부터 성격이 좋은지 나쁜지, 장래 수입까지 유전이 영향을 미치지 않는 곳은 없다시피 해.

제자   수입까지…….

냥선생   구체적인 수치로 설명하자면 성인 지능의 66퍼센트, 성격은 50퍼센트 정도, 수입은 36퍼센트가 유전의 영향을 받는다네.[1, 2, 3]

제자   그렇게 많아요? 역시 인생은 유전으로 결정되는 거잖아요. 노력 따위 아무 쓸모 없어! 이 잔인한 세상!

냥선생   그렇지 않아.

제자   네? 지금 막 유전의 무서움을 통계와 숫자로 보여준 참이잖아요.

냥선생   차근차근 생각해 보자고. 방금 이야기한 건 이른바 '**유전율**'이라는 지표인데, 유전율이 구체적으로 무엇인지 혹시 알고 있나?

제자   '유전이 미치는 영향'이 무엇을 의미하느냐, 하는 문제인 거죠?

냥선생   그래. 예를 들어 최근 연구에 따르면 키는 80퍼센트가 유전으로 결정된다고 해. 그렇다면 이때 유전은 과연 무엇을 결정할까?

제자 으음, 부모의 키가 크면 아이의 키도 80퍼센트의 확률로 크다…… 뭐 그런 거 아닐까요?

냥선생 **땡. 가장 흔한 오해지.**

제자 키 큰 부모에게서 키 큰 아이가 태어나는 건 일반적인 일 아닌가요?

냥선생 꼭 그렇지도 않아. 한 연구에서는 대량으로 수집한 키 측정치를 비교해서 부모와 자식의 키에 어떤 관계가 있는지 조사했어.

제자 유전자는 조사하지 않았나요?

냥선생 응. 연구진이 알고 싶은 것은 '키 큰 부모에게서는 정말 키 큰 자식이 태어나기 쉬운가'이니까. 굳이 유전자를 검사하는 것보다 사람들의 신장을 비교하는 쪽이 편하지.

제자 듣고 보니 그러네요.

냥선생 조사해 보니 부모와 자식의 신장 간 상관관계는 'r= 0.47'이었어.◆

◆ 뉴캐슬대학교에서 부모의 키 분포와 자식의 키 사이에 어떤 관계가 있는지 조사한 연구.[4] 8~9세 어린이 419명의 키를 부모의 키 중간치와 비교하고 모든 표준편차점수 SDS에서 검토했다.

제자 ……좀 더 알기 쉽게 설명해 주세요.

냥선생 대충 설명하자면 부모의 키를 통해 자식 키의 22퍼센 트를 예측할 수 있었다는 의미야.

제자 22퍼센트요? 유전으로 80퍼센트가 정해지는 거 아니 었나요?

냥선생 **유전이 미치는 영향은 80퍼센트가 맞아. 하지만 부모의 키를 보더라도 자식의 키는 22퍼센트 정도밖에 알 수 없어.**

제자 뭐가 뭔지 모르겠어요. 방금 설명한 내용은 키 말고도 마찬가지인 거죠? 머리가 좋은 정도라든지…….

냥선생 머리가 좋다고만 하면 애매하니까 여기서는 IQ로 생 각해 볼까. 여러 연구를 종합해 봤을 때 IQ의 유전율 은 70퍼센트 정도라고 해.♦

제자 지적 능력은 거의 유전으로 결정된다고 어떤 책에서 본 것 같아요.

냥선생 하지만 아까 언급한 연구와 마찬가지로 수많은 부모 자식의 IQ를 수집해서 비교해 보니 이야기가 또 달

♦   성인을 대상으로 한 초기 쌍둥이 연구는 IQ의 유전율을 57~73퍼센트로 보고 있다. [5] 다만 최근에 이루어진 연구에서는 IQ의 유전율을 80퍼센트로 보기도 한다.[6]

랐어. 부모의 IQ가 높더라도 자식의 IQ가 높을지는 9~16퍼센트 정도밖에 예측할 수 없었어. 부모와 자식 간 IQ의 상관 계수는 0.3에서 0.4 사이였는데, 이 정도면 키와 비슷하거나 조금 낮은 수준이지.◆

제자   **키보다 낮구나. 그럼 자기가 공부를 못했다고 해서 자식 의 학업을 포기할 필요는 없겠네요.**

냥선생   맞아. 예측의 정밀도가 이만큼 낮다는 건 부모의 능력 을 놓고 자식의 가능성을 판단해 봐야 별 의미 없다는 말이거든.

제자   잠깐만요, 그럼 유전율은 결국 뭔가요?

모두가 착각하는 유전율의 정체

냥선생   인생은 유전으로 결정된다는 통념을 좀 더 파고들어 볼까. '유전의 영향이 70퍼센트'라는 말을 들었을 때 우리는 이 숫자를 어떻게 받아들여야 할까?

◆   부모 자식 2,202쌍을 조사한 연구에 따르면 부모와 자식의 IQ 간 상관 계수는 0.3에서 0.4 사이였다.[7]

제자　아까 한 설명을 떠올려보면 유전율은 부모와의 관계가 어쩌고저쩌고하는 문제는 아닌 거잖아요. 그렇다면 수학 시험에서 100점을 맞았을 때 70점까지는 유전 덕분이고 나머지 30점은 노력 덕분이라고 생각하면 될까요?

냥선생　**땡. 그건 두 번째로 흔한 오해.**

제자　이것도 오해일 줄이야……

냥선생　**유전율은 집단 내 '분포 상태'를 나타내는 숫자야.** 시험 점수처럼 개개인을 평가하는 숫자가 아니지.

제자　무슨 말인가요?

냥선생　알기 쉽게 키가 200cm인 사람을 예로 들어보자.

제자　엄청 크네요.

냥선생　그렇지. 이 사람의 큰 키를 결정하는 것은 상반신일까, 아니면 하반신일까?

제자　이상한 질문인데요. 그건 사람에 따라 다르지 않을까요? 몸통이 긴 사람이라면 상반신일 거고, 다리가 긴 사람이라면 하반신일 거고.

냥선생　그럼 이 사람의 다리가 긴지 짧은지는 어떻게 판단해야 할까?

제자　그건 다른 사람과 비교해 보는 수밖에 없겠네요. **여러 사람을 살펴본 다음 '이 사람은 다리가 길다' 하고 판단**

하는 거죠.

냥선생   그래. 다시 말해 어느 한 사람만 봐서는 몸통이 긴지 다리가 긴지 알 수 없어. 우리가 누군가를 보고 '저 사람은 다리가 길구나' 하고 평가할 수 있는 건 머릿속에서 다른 사람과 비교하고 있기 때문이야. 그렇지?

제자   네.

냥선생   그렇다면 이번에는 키가 비슷한 사람을 10명 모았다고 치자. 그러자 상반신의 길이는 모두 120cm였지만 하반신은 60~80cm 사이에서 각각 다르게 나왔어. 이때 10명의 키를 좌우하는 것은 상반신일까, 아니면 하반신일까?

제자   당연히 하반신이죠. 상반신의 길이는 같으니까.

냥선생   맞아. **하반신의 영향만으로 신장이 결정되니까 이 사례는 '하반신율이 100퍼센트'라고 말할 수 있어.**

제자   아하.

냥선생   또다시 키 큰 사람을 10명 모았는데 이번에는 다들 상반신과 하반신이 60cm에서 80cm까지 제각각이었다고 가정해 보자. 이때 하반신율은 어떻게 될까?

제자   **위아래가 똑같이 다르다면 영향은 각각 50퍼센트겠네요. 그럼 하반신율도 50퍼센트 아닌가요?**

냥선생   정답. 슬슬 눈치챘겠지만, 유전율 계산도 이와 비슷한 면이 있어.

제자   아, 뭔지 알 거 같아요. **여러 사람과 비교했을 때 얼마나 뿔뿔이 흩어져 있는지를 보고 유전과 환경 중 무엇의 영향이 강한지 판단하는 거로군요.**

냥선생   아주 정확하다고는 할 수 없지만 그만하면 충분해. 예를 들어 상반신의 길이는 60~80cm에서 제각각이고 하반신의 길이는 65~75cm에서 제각각이라면 상반신율은 67퍼센트, 하반신율은 33퍼센트 정도가 나온다네.

제자   상반신의 분포 범위가 20cm이고 하반신의 분포 범위가 10cm니까 비율은 2:1이고요.

냥선생   이해가 되는 모양이군.

제자   **어? 그럼 유전율은 데이터를 어떻게 뽑아내느냐에 따라 다르게 나오는 건가요? 주위 사람들과 비교를 통해 결정되는 거라면 누구랑 비교하는지가 중요하겠네요!**

냥선생   유전율이 '절대 움직이지 않는 수치'라고 생각했나?

제자   네. 'IQ는 유전율이 70퍼센트'라길래 어떤 상황이든 평생 바뀌지 않는 줄 알았어요.

냥선생   **그렇지 않아. 유전율은 조사 방식에 따라 휙휙 바뀌거든.**

제자   정말요?

인생은 9할이 유전이지만…

냥선생   아까 말한 대로 IQ의 유전율은 70퍼센트 정도로 여겨지고 있지. 하지만 어떤 조사에서는 IQ의 유전율이 0퍼센트인 사람이 존재했어.[♦] 어떤 사람일 것 같나?

제자   0퍼센트라고요? 그 말은 지능이 환경만으로 결정됐다는 거죠?

냥선생   맞아. 타고난 유전자가 지적 능력에 거의 영향을 미치지 않은 사람이지.

제자   어떤 사람일까요…….

냥선생   정답은 **'가정환경이 어려운 사람'**이라네. 집안이 가난할수록 IQ의 유전율은 낮게 나왔어. 이유가 뭘까?

제자   으음, 잘 모르겠어요.

냥선생   잘 생각해 봐. 돈이 없다는 건 수입이 조금만 늘어도 일상생활이 적잖게 바뀐다는 뜻이야. 소득이 조금만 높아져도 더 건강한 음식을 먹을 수 있고, 더 좋은 교육을 받을 수 있지.

♦   버지니아대학교 연구진은 7세 쌍둥이들을 대상으로 IQ를 분석했다. 그 결과 빈곤 수준이 높은 아이일수록 IQ의 유전율은 0퍼센트에 가까웠고 반대로 유복한 가정에서 자란 아이들은 60~70퍼센트 수준으로 나타났다.[8]

제자   아하! 환경이 바뀌었을 때 영향이 큰 만큼 유전율이
        낮아지는구나!

냥선생   맞아. **IQ는 유전뿐만 아니라 영양 상태나 교육 환경 같**
        은 외부 요소도 큰 영향을 미치거든.
        가정환경이 어려우면 소득에 따라 생활 양식이 바뀌기
        쉬운 만큼 IQ의 변동 폭도 커지기 마련이지. 이는 환
        경의 영향력이 크다는 의미니까 그만큼 유전의 영향력
        은 낮아져.

제자   극단적인 상황에서는 유전율 0퍼센트도 나올 수 있겠
        네요.

냥선생   그렇다면 이쯤에서 퀴즈를 하나 내볼까. 하버드대학
        교나 옥스퍼드대학교 같은 명문대 학생만을 대상으로
        IQ의 유전율을 조사하면 어떻게 될 것 같나?

제자   그만큼 엄청난 명문대에 갈 정도니까 다들 가정환경
        이 비슷하겠죠? 상류층 출신에 우수한 교육을 받을 수
        있는 학생이 대부분일 테니까요.◆ 그렇다면 유전율은

◆   여담이지만 듀크대학교의 조사에 따르면 하버드대학교에 입학한 백인 학
생 중 43퍼센트는 부모가 운동선수거나 대학교 관계자거나 학교 발전기금 기부자였
다고 한다.[9] 이들은 부모가 부자나 대학교 관계자가 아니었다면 합격하지 못했을 가
능성이 크다. 따라서 하버드대학교의 유전율은 생각보다 낮을지도 모른다.

70퍼센트보다 높게 나오지 않을까요?

냥선생 바로 그거야. 하버드나 옥스퍼드만 조사한 연구는 아직 없지만, 전문가들은 명문대에서 IQ의 유전율은 90퍼센트까지 치솟을 것으로 추측하고 있어.

제자 **명문대 학생들은 대체로 비슷한 환경에서 자랐으니까 나머지는 유전자 승부로 흘러간다고 보면 될까요?**

냥선생 그런 느낌이지. **성장 환경이 엇비슷할 때는 타고난 IQ 의 차이가 성과에 반영돼.**

제자 그렇구나.

냥선생 위는 다소 극단적인 예시지만, 비슷한 논리는 어떤 특성에나 들어맞아. 키의 유전율도 부유층만 대상으로 한 집단과 빈부 격차가 큰 집단을 각각 조사해 보니 전자 집단에서 유전의 영향력이 더 크게 나왔지.

제자 부유층이라면 대체로 영양이 풍부한 음식을 먹으면서 운동도 꾸준히 할 테니까 환경이 비슷해지겠죠.

냥선생 키를 좌우하는 환경이 비슷하면 그만큼 유전의 영향력은 커지지. 즉 **우리가 유전의 영향을 얼마나 받는지는 어떤 그룹과 비교하느냐에 따라 휙휙 바뀐다고 볼 수 있어.**

제자 **결국 유전율만 놓고 이러쿵저러쿵 떠들어봐야 아무 의미 없겠네요.**

냥선생 　응. 하버드에서 승부를 겨룰 생각이라면 또 다르지만.

제자 　그럼 유전율을 통해 우리가 알 수 있는 건 생각보다 적겠군요.

냥선생 　맞아. 아까도 한 말이지만, 유전율에서 우리가 알 수 있는 건 특정 그룹에서 나타나는 능력의 분포뿐이야. 다시 말해 **유전율은 '내가 가진 능력은 무엇인가?'나 '자신이 가진 능력을 바꾸는 일은 얼마나 어려운가?' 하는 질문에 대해서는 어떤 답도 줄 수 없어.**

제자 　유전율을 보더라도 자신이 날 때부터 똑똑한 사람인지, 지적 능력을 높이려면 몇 퍼센트의 노력이 필요한지 하는 것들은 알 수 없다는 말이군요.

냥선생 　그래. 생각해 보면 머리카락 색은 유전율이 거의 100퍼센트지만 염색하면 금방 바꿀 수 있잖아? 즉 '유전율이 높다=노력이 무의미하다'라는 공식은 성립하지 않는다는 말이지.

제자 　하지만 유전 전문가가 '인생은 타고나는 것이 9할'이라고 말했는걸요? 그건 거짓말인가요?

냥선생 　거짓말은 아냐. '인생은 타고나는 것이 9할'이라는 말은 우리의 행동과 특성 중 9할은 유전에 기반한다는 뜻이거든. 인간의 육체와 성격은 유전자라는 설계도에 따라 만들어지니까 지극히 당연한 사실을 말한 것뿐이야. 그러니까 '인생은 타고나는 것이 9할'이라는 말을 들어도 '인생은 9할이 유전으로 정해지니까 노력은 1할밖에 의미가 없다'라고 생각할 필요는 없어.

제자   약간 마음이 놓이네요…….

능력과 성격을 지배하는 유전자는 아직 발견되지 않았다

냥선생   게다가 '인생은 유전으로 결정된다'라는 생각에는 또 하나 커다란 문제가 있어. 백 보 양보해서 **인생이 유전으로 결정되는 것이 사실이라고 한들 우리는 자신이 어떤 능력을 물려받았는지 알 도리가 없다는 점이야.**

제자   유전자 검사는요?

냥선생   유전자 검사로는 재능을 파악할 수 없어.

제자   네? 그치만 '지능을 결정하는 유전자가 발견됐다'라느니 '성격을 결정하는 유전자가 발견됐다'라느니 하는 뉴스는 종종 나오잖아요.

냥선생   과학 매체에서 연례행사처럼 보도하는 뉴스지. 한때는 '키를 결정하는 유전자'니 '아침형 인간을 결정하는 유전자'니 하는 것들이 보고되기도 했고 '남자의 첫 경험

시기는 25퍼센트가 유전으로 결정된다' 하는 뉴스가 나온 적도 있었어.♦

제자 첫 경험 시기까지요? 그렇다면 유전자 검사로 재능도 알아낼 수 있는 거 아닌가요?

냥선생 아니. 이런 뉴스는 잠깐 화제가 됐다가 언제 그랬냐는 듯 사라지기 마련이야. **지금까지 인간의 능력과 성격을 명확하게 결정하는 유전자는 발견된 적이 없다네.**

제자 흐음, 아까 말한 '인생은 ○○ 하나로 결정된다' 하는 이야기랑 비슷하네요.

냥선생 그렇지? 최근 연구에 따르면 인간의 능력을 형성하는 유전자는 수십에서 수백 가지에 이른다고 해. 그만큼 많은 유전자가 관여한다면 각 유전자의 효과는 아주 미미할 수밖에 없겠지?

제자 한 가지 유전자만으로 결정되는 능력은 없다는 건가요?

냥선생 그래. 예를 들어 **키는 80퍼센트가 유전으로 정해지지만 '이것만 있으면 무조건 키가 커진다' 하는 유전자가**

♦   케임브리지대학교 연구진은 12만 5,000여 명의 DNA를 해석한 다음 '첫 경험' 시기를 좌우하는 유전자를 38개 발견했다고 발표했다.[10] 해당 유전자들은 주로 성호르몬의 분비량과 이차 성징이 나타나는 시기를 좌우하며, 유전이 첫 경험에 미치는 영향은 25퍼센트로 나타났다.

존재하는 건 아니야. 키에 관여하는 유전자는 스무 가지 정도이고 각 유전자가 어떻게 조합되느냐에 따라 다른 결과가 나오거든. **게다가 이들 유전자를 모두 합해도 유전으로 인한 키 차이는 3~10퍼센트밖에 설명할 수 없어.**

제자   그렇군요.

냥선생   키처럼 단순한 특성만 해도 이러니 **지성이나 성격처럼 복잡한 특성을 유전으로 판단하는 건 거의 불가능하다고 봐야겠지.**

제자   확실히 비현실적일 것 같네요.

냥선생   한 유전학 전문가도 "그 사람이 신을 믿는지 아닌지 알고 싶다면 유전자를 분석하기보다 그 사람이 텍사스에 사는지를 알아봐라" 하고 말할 정도니까.◆ 텍사스주는 인구의 80퍼센트가 기독교인이거든.

제자   결국 유전보다 환경을 알아보는 쪽이 확실하군요.

◆   킹스칼리지런던의 유전역학 교수 팀 스펙터Tim Spector의 발언.[11]

유전자의 작용은 노력으로 바꿀 수 있다

냥선생 그러니까 자신의 재능을 찾기 위해 유전율에 집착해
봐야 아무 의미가 없다네. 유전율로 개개인의 능력은
측정할 수 없으니까.
그리고 **여기서 또 하나 중요한 것이, 자네들이 갖고 태
어난 유전자의 작용은 나중에 노력으로 바꿀 수 있다는
사실이야.**

제자 노력으로 유전자를 바꿀 수 있다고요?

냥선생 그래. 유전자 중에서도 쓰이는 것과 쓰이지 않는 것이
존재하는데, 작동 여부는 환경에 의해 바뀌거든. **자네들
인간의 유전자나 우리 고양이의 유전자나 하루하루 어떤
경험을 하느냐에 따라 작동하는 스위치가 달라진다네.**
구급대원의 DNA를 조사한 연구에 따르면 불쾌한 사
건을 많이 맡은 사람은 심리 상태를 좌우하는 유전자
스위치에 변화가 있었어. 그 탓에 예전보다 부정적인
감정에 시달리기 쉬워졌지.◆

◆ 퀸즐랜드공과대학교의 연구 결과. 연구진은 오스트레일리아의 구급대원
40명을 대상으로 스트레스가 큰 사건을 맡기 전과 맡고 난 후 각각 타액을 채취해
DNA를 조사했다.[12]

제자	스트레스 때문에 유전자의 작용이 바뀌기도 하는군요.
냥선생	부담감이 유전자 스위치에 영향을 미친다는 사실은 유명한 이야기야. 다른 연구에 따르면 큰 범죄에 휘말려 트라우마가 생긴 사람 역시 유전자 스위치의 온오프가 바뀌어 우울증이나 불안장애가 일어나기 쉬워졌지.
제자	안 좋은 일을 당한 것도 억울한데 유전자까지 나쁜 방향으로 바뀐다니 불공평해요.
냥선생	희망적인 결과도 있으니 너무 걱정하지 말게나. 큰 스트레스를 받은 사람이라도 믿을 만한 친구를 두었거나 끈끈한 커뮤니티에 속해 있다면 스트레스로 인한 악영향을 피할 수 있는 것은 물론이고 유전자 스위치가 좋은 방향으로 전환됐어.
제자	**좋은 스위치도 켤 수 있군요!**
냥선생	운동을 하면 근육과 뼈를 발달시키는 스위치가 켜지고, 건강한 음식을 먹으면 세포를 회춘시키는 스위치가 켜지지.
제자	생활 환경을 개선하면 유전자 레벨의 변화를 일으킬 수 있구나.
냥선생	맞아. 살면서 어떤 선택을 하느냐에 따라 좋은 유전자를 켜고 나쁜 유전자를 끌 수 있어.
제자	**유전자라고 하면 거창해 보이지만 운명을 결정하는 것**

까지는 아니라는 말이군요.

Q1

Q2

Q3

낭선생 말하자면 우리의 유전자가 작용하는 방식은 건물의 점
등식에 비유할 수 있어.

제자 빌딩의 조명을 켜거나 꺼서 창문 빛으로 글자나 그림
을 그리는 것 말인가요?

낭선생 맞아. 원하는 글자나 그림을 표현하려면 어떤 방은 조
명을 켜고, 또 어떤 방은 조명을 꺼야 하지. 이렇게 조
명을 여러 가지 조합으로 제어해서 건물의 창문을 통
해 글자나 그림을 그리는 거야.

제자 크리스마스나 새해가 되면 커다란 빌딩에서 종종 하잖
아요.

낭선생 유전자의 작용도 점등식과 비슷한 구석이 있단다. **유
전자는 부모로부터 물려받았다고 해서 전부 쓰이는 것
이 아니라 각 유전자에 달린 스위치가 환경에 따라 켜지
거나 꺼지게 되어 있어.** 그래서 같은 유전자를 타고 나
더라도 성장 환경이 다르면 완전히 다른 인간으로 자
랄 수 있지.

제자 같은 빌딩에서 점등식을 해도 어떤 방의 조명을 켜느
냐에 따라 다른 글자를 표현할 수 있는 것처럼요.

A1

A2

A3

111

환경이 다르면 쌍둥이도 서로 다른 사람으로 자란다

냥선생 최근 여러 연구를 통해 **같은 유전자를 가졌다 하더라도 환경에 따라 서로 다른 사람으로 자랄 수 있다는 사실이 밝혀지고 있네.** 일란성 쌍둥이를 대상으로 한 조사에서도 서로 다른 환경에서 자라면 성인이 됐을 때 성격과 능력에 차이가 생겼다는 보고가 많아.

제자 일란성 쌍둥이는 평생 비슷할 줄 알았는데…….

냥선생 확실히 쌍둥이는 비슷한 사람으로 자라는 일이 많아. 800쌍 넘는 쌍둥이를 대상으로 한 연구에서도 일란성 쌍둥이의 성격이 비슷할 확률은 이란성 쌍둥이의 두 배에 달했으니까, 유전의 영향력은 의심할 나위 없지.[♦]

제자 차이가 꽤 크네요.

냥선생 하지만 이건 어디까지나 같은 환경에서 자랐기 때문이고, 태어나자마자 따로 떨어져서 자라면 이야기가 달라져. 서로 다른 나라에서 자란 일란성 쌍둥이를 조사

♦　에든버러대학교 연구진은 유전과 성장 환경 중 무엇이 성공에 더 큰 영향을 미치는지 알아내기 위해 일란성 쌍둥이와 비일란성 쌍둥이 800쌍 이상을 분석했다. 그리고 자제심, 사회성, 학습 능력, 목적의식 등의 요소가 비일란성 쌍둥이보다 일란성 쌍둥이에게서 더 비슷하게 나타난다는 사실을 밝혀냈다.[13]

한 연구에 따르면 성장한 나라의 문화가 다를수록 IQ의 차가 벌어졌는데, 크게는 20포인트나 차이 나는 사례도 있었어. 유전자가 100퍼센트 같다고 해도 환경에 따라 그만큼 달라질 수 있다는 거지.◆

제자   20포인트면 얼마나 큰가요?

냥선생   밤새 야근한 다음 두뇌 회전을 측정해 보면 IQ가 15~20포인트 정도 낮아진다고 해.

제자   엄청 크네요…….

냥선생   성격도 마찬가지야. 일란성 쌍둥이의 경우 어릴 때는 성격과 취미가 비슷했다가도 나이가 들면서 점차 달라지는 사례가 많아.◆◆ 원인은 여러 가지가 있겠지만 **부모의 양육 방식, 교육, 교우 관계 등으로 인해 유전자 스위치의 온오프가 바뀌는 것도 이유 중 하나로 보인다네.**

제자   유전자의 영향이 살면서 바뀌기도 한다니 엄청난데요! 그 말은 노력으로 재능을 기를 수 있다는 뜻이기

◆   캘리포니아주립대학교 연구진이 서로 다른 나라에 사는 일란성 쌍둥이를 조사한 결과, 가장 다른 환경에 놓인 쌍둥이의 IQ는 20포인트나 차이를 보였다.[14]

◆◆   같은 연구진이 서로 다른 나라에서 자란 한국인 일란성 쌍둥이를 조사한 결과에 따르면 어릴 때 성적, 공간지각 능력, 시각 능력, 기억력 등은 매우 비슷했으나 사회적 이해력, 성격에 관한 몇 가지 측정치, 자아존중감 수준 등에서 큰 차이가 나타났다.[15]

도 한 거죠?

냥선생   그건 단언할 수 없어. 인간을 대상으로 한 유전자 실험
은 불가능하니까 정확히 조사하기 힘들거든. 그래서 스
위치를 *끄거나* 켜는 방법까지는 아직 알아내지 못했어.

제자   확실히 인간을 이용한 유전자 변화 조사는 문제의 소
지가 많겠네요.

냥선생   다만 지금까지 나온 관찰 데이터를 살펴보면 노력을
통해 유전자 스위치를 좋은 방향으로 바꿀 수 있다는
사실은 확실해. 타고난 유전자를 제대로 활용하기 위
해서라도 노력이 필요하다는 뜻이지.

제자   부모의 유전자에 따라 능력이 결정되는 게 아니군요.

냥선생   그래. **처음에 나쁜 패를 받더라도 어떤 카드를 내느냐에
따라 게임에서 이길 수도 있잖아? 타고난 유전자도 어
떤 스위치를 켜고 끄느냐에 따라 인생을 어느 정도 자기
손으로 디자인할 수 있는 거지.**

제자   조금씩 희망이 생기기 시작했어요.

인생은 '타고나는 것'으로 결정되지 않는다

냥선생   지금까지 나온 이야기를 한 문장으로 정리하면 이렇

단다.

유전율로 '자신의 재능'은 알 수 없다.

유전과 환경에 관한 연구는 어디까지나 특정 집단 내
에서 개인차가 생기는 이유를 조사한 것이거든. 따라
서 유전율을 보더라도 '나의 재능은 무엇일까?'라든가
'나는 다른 사람들과 비교해 어떤 점에서 뛰어날까?'
하는 질문에 대한 답은 얻을 수 없어. "어차피 인생은
유전자 뽑기 게임이야" 하고 투덜거려 봐야 아무 의미
없다는 거지.♦

제자   인간의 능력에는 유전이 영향을 미치는 것이 사실이지
만, 그걸 이유로 삶을 비관해서는 안 된다는 말이군요.

냥선생   그래. 우리가 가진 능력이 유전으로 결정되는지 환경
으로 결정되는지 지금으로서는 알 수 없으니까. **인간
의 능력은 유전으로 정해진다는 말만 믿고 인생이 잔혹
하다고 탄식하는 건 키를 잰 숫자를 보면서 '몸무게가**

♦   행동 유전학을 통해 집단 내에서 어떤 능력을 성장시키기 힘든지는 알 수
있다. 따라서 정부가 폭넓은 국민을 대상으로 정책을 수립할 때는 도움이 된다.

줄지 않으니까 다이어트 따위 쓸모없어!' 하고 생각하는 거나 마찬가지지.

제자 듣고 보니 확실히 이상하네요.

냥선생 키가 커지면 체격도 커지니까 어느 정도 선까지는 몸무게도 함께 늘어나지. 그런 의미에서는 키와 체중 사이에 관계가 있다고 볼 수 있지만, 그렇다고 해서 다이어트가 쓸모 있는지 없는지를 키로 판단하는 건 이상하잖아?

제자 인생이 유전으로 결정된다는 사고방식은 그만큼 잘못된 기준으로 인생을 판단하고 있다는 말이군요.

냥선생 그렇지.

제자 왜 이런 이야기를 해 주는 사람은 없을까요?

냥선생 세상에는 '유전이 모든 것을 결정한다'라느니 '성공은 타고나는 것의 문제다'라는 말을 들어야 마음이 편해지는 사람이 많거든. 삶이 잘 풀리지 않는 이유를 자기 안에서 찾는 사람이나 노력이 부족해서 실패만 거듭하는 것은 아닐까 불안한 사람은 '인생은 유전으로 결정된다'라는 말이 동아줄처럼 느껴지겠지. '인생은 잔혹한 것'이라는 사고방식은 그런 사람들의 지지를 얻기 쉬워.

제자 유전이 원인이라는 말을 들으면 어깨에 놓인 짐이 가벼워지니까요.

냥선생　하지만 유전의 영향력을 너무 강조하면 이번에는 삶을 개척하는 동기가 사라진다네. **'유전이니까 포기하자'라든가 '어차피 미래는 바뀌지 않아' 하는 생각에 빠져들면 그 시점에서 모든 게 끝나고 말지.**

제자　포기하는 순간 경기는 끝나는 거니까요, 맞죠?

냥선생　스포츠의 세계라면 시합에서 지고 끝이니까 포기해도 상관없지만, 인생은 포기한 뒤에도 몇 년이고 몇십 년이고 이어지지.

제자　윽.

냥선생　요컨대 **인생은 타고나는 것으로 결정된다는 생각은 잘못됐고, 이런 생각이 가져오는 피해는 아주 크다는 말일세.**

제자　으음, 하지만 재능의 축복을 받았다고 생각할 수밖에 없는 사람도 있잖아요. 세계 무대에서 활약하는 스포츠 스타라든지 예술가라든지 그런 대단한 사람들을 보면 '타고난 재능이 다르네!' 하는 생각이 들어요.

냥선생　그러면 여기서 퀴즈.

제자　갑자기요?

냥선생　19세기 스페인에 파블로 데 사라사테라는 바이올리니스트가 있었어. 10살에 스페인 여왕 앞에서 연주하고, 성인이 되고 나서는 '역사상 기교가 가장 뛰어난 바이올리니스트'라고 불린 재주꾼이지.

그리고 한 사람 더, 19세기 프랑스에는 오귀스트 로댕이라는 조각가가 있었어. '지옥의 문', '생각하는 사람'과 같은 걸작을 남겨 근대 조각의 아버지라고 불리는 인물이지. 둘 다 그 분야를 대표할 만한 사람들이야. 사람들은 그들을 천재라고 칭송했지만, 두 사람은 이에 대해 비슷하게 대답했어. 뭐라고 답했을 것 같나?

제자　으음, 순순히 감사하다고 하지 않았을까요? 아니면 아직 멀었다든지.

냥선생　땡. 정답은 '나를 천재라고 부르지 마'였어.

제자　네?

냥선생　뭐, 많이 의역하기는 했지만. 사라사테는 "천재라고? 매일 14시간씩 37년을 연습했는데 지금 와서 천재라니 장난치는 거냐"라고 답했고, 로댕은 "천재 따위 이 세상에 없다. 있는 것은 공부, 꾸준한 연습, 끊임없는 목표 수정뿐"이라고 답했다고 해.

제자　둘 다 어지간히도 화가 났나 보네요.

냥선생　우리는 어떤 분야에서 정상을 차지한 사람들을 보고 '타고난 천재'라고 생각하기 쉽지. 하지만 위대한 성과를 남긴 사람들은 남들이 보지 않는 곳에서 뼈를 깎는 연습을 거듭하기 마련이거든. 그러니까 자신이 이룬 성과가 모두 재능 덕분이라고 치부되면 화가 나는 것

제자	도 당연하지.[◆]

제자   듣고 보니 열심히 노력한 사람에게 '천재'라는 꼬리표를 붙이는 건 실례일지도 모르겠네요…….

냥선생   그렇지. 이걸로 자네들 인간이 '재능을 발휘하지 못하는 세 가지 이유'에 대한 설명은 끝났다네. **간단히 정리하자면 취미나 특기를 뒤좇는다고 해서 무조건 성공하는 것은 아니고, 인생의 성공을 좌지우지하는 능력은 어디에도 존재하지 않으며, 유전자를 분석한다 한들 재능에 관해서는 알 수 없다는 거지.**

제자   무슨 말인지는 알겠는데요. '이것도 안 돼, 저것도 안 돼' 하는 이야기뿐이라 뭘 해야 좋을지 모르겠어요. 내가 가진 재능을 발견하려면 어떻게 해야 할까요?

냥선생   걱정하지 말게나. 다음 장은 그 답을 함께 생각하는 '해결편'이니까. 자신의 재능을 발견하는 방법을 알아보자고.

제자   잘 부탁드립니다!

◆　　그 밖에도 "다른 이들보다 세 배, 네 배, 다섯 배 공부하는 사람, 그것이 천재다"라는 말을 남긴 세균학자 노구치 히데요나 "노력하지 않아도 해낼 수 있는 사람을 천재라고 부른다면 나는 천재가 아니다"라고 말한 야구 선수 스즈키 이치로나 "천재란 노력하는 범재"라고 말한 아인슈타인 등 천재라고 불리기를 싫어한 위인은 많다.

칼럼 ❸

어린 시절만 보고
천재를 찾아낼 수 있을까?

제자 유전자로 재능을 파악하기는 힘들더라도 어린 시절부
터 관찰하면 재능이 있는지 없는지 알 수 있지 않을까
요? 신동이라고 불리는 사람도 있잖아요. 모차르트라
든지.

냥선생 그래. 모차르트는 네 살에 작곡을 시작하고 여섯 살에
유럽 순회공연을 했다고 하지. 조숙한 아이였던 것만
은 분명해.

제자 역시 신동은 달라!

냥선생 하지만 오늘날 모차르트 연구자들은 모차르트를 그 정

120

이능의 발견

도로 신성시하지 않아.[◆] 우선 모차르트가 네 살 때 작곡한 곡은 퀄리티가 낮고 다른 작곡가의 작품을 편곡한 것에 지나지 않는다는 사실이 밝혀졌어. 그나마도 사실은 모차르트의 아버지가 썼을 가능성이 커.

게다가 모차르트의 아버지는 아들의 능력을 부풀려 말하는 버릇이 있어서 모차르트가 실제로 연주를 시작한 시점은 좀 더 이후였을 거라는 견해가 많지.

제자　이야기가 심상치 않게 흘러가네요.

냥선생　무엇보다도 중요한 건, 모차르트는 천재라고 불리기까지 수많은 노력을 거듭했다는 사실이야. 모차르트의 아버지는 스파르타 교육으로 잘 알려져 있는데, 모차르트가 세 살일 때부터 하루에 세 시간씩 연습을 시켜서 여섯 살이 됐을 무렵에는 연습 시간이 3,500시간에 이르렀어.

즉 모차르트가 어릴 때부터 두각을 나타낸 건 음악적

[◆]　음악비평가 니콜라스 케니언Nicholas Kenyon은 '모차르트 천재설'이 그가 죽은 뒤에 만들어진 픽션이라고 지적했다. 모차르트는 자기 자신을 '의뢰인의 주문대로 작품을 만드는, 기술자에 가까운 작곡가'라고 여겼지만 나중에 낭만주의 작곡가들이 '모차르트의 곡은 번뜩이는 영감으로 만들어진 것'이라는 생각을 퍼뜨려서 지금과 같은 신격화가 이루어졌다고 한다.[16]

능력을 타고나서가 아니라 꾸준히 노력한 덕분이야. 모차르트가 후세에 이름을 남길 수 있었던 작품을 내놓기까지는 10년이라는 세월이 걸렸지.

제자 정말요?

냥선생 역사에 발자취를 남긴 천재들만 하더라도 어릴 적에는 그다지 눈에 띄지 않았던 사람이 많아. 코페르니쿠스, 바흐, 뉴턴, 베토벤, 칸트, 레오나르도 다빈치 등이 유명하지.

좀 더 최근 사례를 들자면 스티브 잡스는 학교 성적이 B 아니면 C여서 우수한 학생이라고는 볼 수 없었고 《해리포터》 시리즈를 쓴 J. K. 롤링도 성적표에 C뿐이어서 열등생 취급을 받았어.

제자 으음, 역시 어린 시절을 보고 미래에 어떤 활약을 할지 예측하기는 어려울까요?

냥선생 적어도 시험 성적이나 학교에서 보이는 행동으로 예측하기는 힘들지. 학교 성적이 높더라도 이후 직장에서 뛰어난 성과를 거둔다고는 장담할 수 없다는 연구가 대부분이기도 하고.

어떤 업계든 학교 성적과 업무 성과는 별 관계가 없고, 오히려 학창 시절만 해도 남들보다 뒤처지던 사람이 사회에서 갑자기 빛나는 사례는 잇따라 나타나고 있

어. 구글의 조사에 따르면 대학교 시절 눈에 띄게 우수
했던 사람도 졸업한 지 2~3년 지나면 성적과 업무 실
적 사이의 관계가 거의 없어졌다고 해.*

제자   그렇군요…….

---

*   클렘슨대학교의 메타분석에 따르면 학교 성적과 업무 수행능력 간 상관
계수는 0.16~0.30이었다.[17] 학교 성적과 업무 성과의 상관관계는 대학교 졸업 직후
부터 상당히 낮게 나타났고, 몇 년 뒤에는 무시해도 될 만한 수준까지 떨어졌다.

제2부
해결편

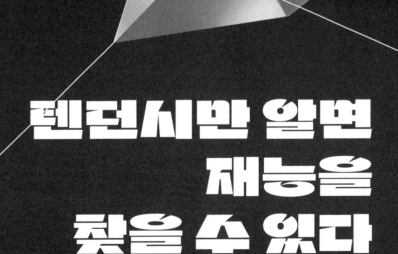

텐던시만 알면
재능을
찾을 수 있다

Answer 1

재능을 결정하는
세 가지 법칙

인생은 이능 배틀이다

냥선생   재능을 발견할 때 가장 중요한 규칙을 다시 한번 짚고
넘어가 보자. 이 규칙인데, 기억하고 있나?

재능의 법칙 1. 인생은 '이능 배틀'이다.

제자   아, 드디어 이 이야기가 나오는군요.

냥선생   문제편 1에서 살펴본 것처럼 어떤 능력이 인정받는지
는 때와 장소에 따라 다르고, 언뜻 부정적으로 보이는
특성에도 긍정적인 측면이 있다네. 이러한 **능력의 기**

복을 자기만의 '이능'으로 활용하는 거지.

제자   무슨 말인지는 알겠는데 아직은 딱 와닿지 않네요.

냥선생   그럼 자기만의 '이능'을 인식해서 위대한 성과를 남긴
        위인들의 사례를 살펴볼까. 애플을 창립한 스티브 잡
        스는 어릴 적부터 난독증을 앓아서 글을 읽고 쓰는 데
        서툴렀어. 열한 살이 되도록 '재닛과 존은 공을 들었
        다'라는 간단한 문장조차 이해하지 못해서 주위에서
        '말이 통하지 않는 별종'으로 통했다고 하지.

제자   고생이 많았겠네요.

냥선생   하지만 **잡스는 난독증을 '날 때부터 가진 특수한 능력'
        이라고 생각했어. 장애를 '이능'으로 받아들인 거지.**

제자   글을 읽지 못하는 것에도 장점이 있다고요?

냥선생   난독증 관련 연구에 따르면 난독증에 시달리는 사람
        들은 복잡한 일의 전체상을 순간적으로 꿰뚫어보거나,
        남들과 다른 관점에서 사물을 판단하는 능력이 뛰어나
        다고 해. 그 덕분에 남들이 떠올리지 못하는 아이디어
        를 내놓는 사람도 많고.

제자   와. 그런 게 문장에 약한 것과 관계가 있나요?

냥선생   난독증이 있는 사람이 정보를 이해하려면 문자보다는
        추상도가 높은 이미지를 사용하는 쪽이 낫잖아? 그렇
        게 정보를 이미지 형태로 뇌에 집어넣다 보니 정리된

데이터를 처리하기는 힘들어도 전체상을 파악하는 능력은 높아지지.◆

제자   그렇군요.

냥선생   그래서 문장을 문제없이 읽는 사람들이 놓치기 쉬운 정보를 기억하고, 논리에 얽매이지 않는 참신한 아이디어를 내놓을 수 있는 거야. 아직 확신할 수는 없지만, **잡스의 세련된 디자인 감각이나 미래를 내다본 듯한 발상에는 난독증이 큰 영향을 미쳤다는 견해가 많아.**

제자   문장에 약하니까 오히려 논리에서 벗어나 자유로운 발상을 펼칠 수 있는 거로군요. 그렇다면 '이능'이라고 불러도 되겠어요.

냥선생   **한 사람 더, 미켈란젤로도 자기만의 '이능'을 살려서 뛰어난 성과를 남겼다네.**

제자   다비드상이라든지 시스티나 예배당의 천장화로 유명한 사람이죠?

냥선생   그래. 르네상스 시대를 대표하는 화가였던 그는 당시에도 뛰어난 재능을 인정받았지만, 한편으로는 트러블

◆   케임브리지대학교 연구진은 2022년 발표한 논설에서 "난독증이 있는 사람들은 발견, 발명, 창조성과 같은 분야에서 뛰어난 능력을 보인다"라고 말하며 난독증을 장애라는 틀에 끼워 넣어서는 안 된다고 주장했다.[1]

을 몰고 다니는 인물로도 유명했지. 그림 실력이 부족한 화가를 바보 취급했다가 언어맞지를 않나, 그의 욱하는 성격을 참다못한 제자가 도망가지를 않나, 대선배인 레오나르도 다빈치를 가리켜 "작품을 완성하지 못하는 것은 부끄러운 일"이라고 비난하지를 않나, 여러 문제를 일으켰어.

제자   그야말로 트러블 메이커였네요.

냥선생   그래서 미켈란젤로는 죽을 때까지 친구가 한 명도 없었고, 쓸쓸한 최후를 맞이했지. 오늘날 미켈란젤로 연구자들은 그가 '타인에게 공감하는 능력이 부족했을 것'이라고 보고 있어.◆

제자   그런 것도 알 수 있어요?

냥선생   역사 속 기록으로 추측한 내용이니까 실제로 어땠는지는 모르지. 다만 **미켈란젤로의 말이나 행동을 보면 타인에 대한 공감 능력이나 사회성이 부족했다는 것만은 분명해.**

◆   트리니티칼리지더블린 연구진은 역사적인 자료를 후향적으로 살펴본 다음 "미켈란젤로에게서 나타나는 작업 루틴, 기이한 생활 양식, 편협한 관심사, 사회성과 의사소통 능력의 부재, 불규칙한 생활 습관 등을 봤을 때 그는 아스퍼거 증후군 혹은 고기능 자폐증에 해당했을지도 모른다"라고 발표했다.[2]

제자	회사원이었다면 얼마 못 버틸 타입이네요.
냥선생	하지만 미켈란젤로는 자신의 이러한 성격을 작품 제작에 활용했어. 그의 대표작 중 하나인 시스티나 예배당의 천장화가 전형적이지.
제자	바티칸 시국에 있는 예배당 맞죠? '최후의 심판'이라든지 '천지창조'라든지…….
냥선생	맞아. 총면적이 460제곱미터에 이르는 대작인데도 세세한 부분까지 신경 쓴 아름다운 필치로 인해 세계 미술사에서도 명작으로 손꼽히지.
제자	그게 미켈란젤로의 성격과 어떤 관련이 있나요?
냥선생	미켈란젤로는 4년이라는 시간을 들여 혼자 힘으로 이 작품을 완성했어. 보통은 같은 공방에 속한 다른 화가나 조수들이 작업하고 미켈란젤로는 감독만 맡지만, 시스티나 예배당에는 미켈란젤로 말고 다른 화가가 손을 댄 곳이 한 군데도 없어. 그 덕분에 작품은 높은 일관성을 유지하면서 구석구석까지 아름다울 수 있었지.
제자	대단하네요…….
냥선생	게다가 이 작품은 천장화거든. 그림을 완성하려면 고개를 위로 젖힌 자세를 4년 동안 매일 해야 했어. 당시 그의 나이가 예순여섯 살이었으니 굉장한 일이지.
제자	기운이 남다르네요.

냥선생   이러한 집념은 미켈란젤로의 기질 덕분에 나올 수 있었어. **그의 성격이 평소에는 '자기중심적'이라든지 '고집' 정도로 여겨졌지만 적절한 상황에서는 '장인 정신'과 '타협하지 않는 예술혼'으로 승화됐지.** 이 같은 성격을 평생 가져간 미켈란젤로는 병으로 쓰러져 죽기 일보 직전까지도 작품 활동에 매달렸고, 심지어는 병에 걸려 눈이 보이지 않는데도 조각을 계속했다고 해.

제자   사회성이 없었기 때문에 장인 정신을 밀고 나갈 수 있었군요.

냥선생   그렇지. 모든 자질이 이능으로 승화된다고는 할 수 없지만, **언뜻 장애물처럼 보이는 특성도 어디에 활용할 수 있을까 고민해 볼 가치는 있어. 이능 배틀에서 이기기 위한 첫걸음인 셈이지.**

재능이란 집단 내 텐던시가 인정받는 상태

제자   하지만 대단한 사람들의 사례는 참고가 되지 않을 것 같아요. 어쨌든 간에 잡스나 미켈란젤로는 각 분야에서 특출난 능력을 지니고 있었잖아요? 저처럼 장점 따위 없는 평범한 인간은 방법이 없지 않나요?

게다가 만약 저에게 장점이 있어서 그것을 살리려고 하면 결국 '특기에 집착하면 안 된다' 때 이야기한 문제로 이어지잖아요. 자신의 이능을 활용하더라도 나보다 더 잘하는 사람이 나오면 말짱 도루묵이고요.

냥선생   정확한 지적이야. **어떤 세계든 위에는 위가 있으니까 나보다 뛰어난 사람은 얼마든지 나타날 수 있어. 그러니까 자기가 '잘하는 일'에만 매달리면 나보다 더 잘하는 사람이 나타났을 때 손쓸 방법이 없어지지.**

제자   그렇죠. 그럴 때는 기술을 갈고닦아서 어떻게든 역전을 노리는 수밖에…….

냥선생   그렇게 생각할 수도 있지. 하지만 그 전에 잠깐 떠올려 보자. 우리가 유전의 영향을 받기 쉬워지는 때는 언제였지?

제자   으음, 주변 환경이 비슷할 때죠. 다들 같은 음식을 먹는다든지 교육 수준이 평준화됐다든지 성격이나 관심사가 비슷한 사람끼리 어울려 다닌다든지…….

냥선생   그래. **비슷한 사람이 많은 환경에서는 유전의 영향이 커지고 성공은 '타고난 능력'에 좌우되기 쉬워지지.** 그러면 자신의 능력이 인정받기 쉬워지는 것은 언제였지?

제자   훈련 방법이 확립되어 있어서 체계적으로 연습할 수 있는 상황, 맞죠?

133

냥선생 맞아. 검증을 거친 훈련 방법이 존재해서 실력이 느는 과정이 뚜렷한 분야가 아니라면 연습만으로 뛰어난 성과를 발휘하기는 힘들어. 이 두 가지 사실을 정리하면 재능을 발견하는 방법에 관한 두 번째 법칙을 도출할 수 있지.

재능의 법칙 2. 재능이란 집단 내 '텐던시'가 인정받는 상태다.

제자 텐던시……?

냥선생 그래. 텐던시, 즉 '편중'에 주목하면 이야기가 달라져. 내가 집단 내에서 '어떻게 치우쳐 있는가'만 생각하면 나보다 뛰어난 사람이 나타나도 계속 활약할 수 있거든.

제자 흐음, 더 자세히 설명해 주세요.

냥선생 앞에서 잠깐 살펴본 음잘알과 음알못 이야기를 떠올려 보자. 음악에 있어 음알못은 음잘알을 앞서는 부분이 하나도 없었어. 즉 음알못 입장에서는 어느 모로 보나 자신보다 뛰어난 인간이 나타난 거지.

하지만 그런 상황에서도 음알못은 자신보다 우수한 사람과 밴드를 결성하면서 기타리스트로서 능력을 살릴 수 있었어. **밴드라는 집단 내에서 음알못이 지닌 기타 스킬이 편중되어 있었던 덕분이지.**

이능의 발견

제자   알 듯 말 듯하네요…….

냥선생   그렇다면 좀 더 현실에 가까운 상황을 예로 들어볼까.

        자네 회사에 엄청나게 유능한 직원이 있다고 치자. 이

        사람은 기획부터 영업, 프레젠테이션에 이르기까지 회

        사에서 필요로 하는 모든 능력을 갖춘 데다가 무슨 일

        을 하든 뛰어난 성과를 내지. 이름은 '김유능'이 좋겠군.

제자   어느 회사에나 그런 사람 한 명은 있죠.

냥선생   한편 자네의 능력은 김유능과 비교하면 모든 면에서

        뒤떨어지지. 자네가 아무리 노력해도 업무 능력 면에

        서는 평생 이길 수 없어.

제자   예시라는 걸 알아도 슬퍼지는데요.

냥선생   여기서는 이해하기 쉽도록 자네와 김유능의 능력을 기

        획과 영업으로 좁혀서 비교해 보려고 해. 두 사람의 하

        루 평균 업무량은 다음 표처럼 나왔어.

제자   기획서가 통과되는 양도 영업 계약 성사율도 김유능

        씨가 압도적이네요.

【A】김유능과 제자의 일일 업무량

	김유능	제자	합계
기획서 통과 건수	6건	1건	7건
영업 계약 성사 건수	12건	8건	20건

냥선생　하지만 김유능이 아무리 뛰어난 직원이라고 해도 **인간
　　　　　인 이상 소화 가능한 업무량에는 한계가 있어. 회사 일
　　　　　을 전부 김유능에게 맡기기보다는 다른 직원들에게도
　　　　　적절히 나눠주는 것이 좋겠지.**

제자　　그렇죠. 잘한다고 해서 한 사람에게 일을 몰아주면 나
　　　　가떨어질 수도 있으니까요.

냥선생　**일을 적절히 분담하려면 두 사람의 '업무의 기회비용'을
　　　　　살펴봐야 해.** 업무의 기회비용이란 어떠한 일을 수행
　　　　　하기 위해 포기한 일을 가리키네.

제자　　지금 사례로 치자면 제가 영업하러 나가 있는 동안에
　　　　는 기획서를 쓸 수 없고, 기획서를 쓰는 동안에는 영업
　　　　하러 나갈 수 없다…… 그렇게 이해하면 될까요?

냥선생　맞아. 자네와 김유능의 업무량을 따져서 기회비용을
　　　　　계산해 보니 표 B와 같이 나왔다네.

제자　　으음, 그렇다면 이 표는 어떤 일을 하는 바람에 수행할
　　　　수 없게 된 일의 양을 보여주는 거네요.

냥선생　그래. 표 B의 윗줄부터 설명하자면, 자네는 기획서를
　　　　　1건 통과시키는 데 필요한 시간 동안 계약을 8건 성
　　　　　사할 수 있다는 의미야. 이에 비해 김유능은 기획서를
　　　　　1건 통과시킬 동안 계약을 2건 성사할 수 있지.

제자　　**어? 기획서의 기회비용 관점에서 보면 제가 더 우수한**

【B】 김유능과 제자의 '업무의 기회비용'

	김유능	제자
기획서 통과 건수	기획서를 1건 통과시키는 시간에 영업 계약을 2건 성사할 수 있다.	기획서를 1건 통과시키는 시간에 영업 계약을 8건 성사할 수 있다.
영업 계약 성사 건수	영업 계약을 1건 성사하는 시간에 기획서를 1/2건 통과시킬 수 있다.	영업 계약을 1건 성사하는 시간에 기획서를 1/8건 통과시킬 수 있다.

거 아닌가요?

냥선생 　맞아. 만약 김유능이 업무 시간 내내 기획서만 작성하면 계약을 12건이나 놓치고 말아. 반면 자네가 기획서에만 시간을 쏟아도 성사되는 계약은 2건밖에 줄지 않고. 즉 자네가 업무의 기회비용 면에서는 더 우수한 셈이지.

제자 　어쩐지 이긴 것 같지가 않은데요.

냥선생 　그렇지 않아. 표 C를 보면 알 수 있듯이 자네가 기획서에 전념하고, 그로 인해 생긴 영업의 공백을 김유능에게 맡기는 쪽이 더 효율적이거든. 그렇게 하면 전체 비용을 줄일 수 있기 때문이야.

【C】 적절하게 분담하면 수행 가능한 업무량이 많아진다

	김유능	제자	합계
기획서 통과 건수	9건	0건	9건
영업 계약 성사 건수	6건	16건	22건

제자   진짜네요! 전체 업무량이 늘었어요!

냥선생   이건 '**비교우위**'라는 경제학 이론이야. 원래는 국가 간 분업을 설명하는 이론이었지만, 어디에나 갖다 붙이기 좋아서 지금은 비즈니스 세계에서도 폭넓게 쓰이고 있지.

'**비교우위**'는 간단히 말해 개인의 능력은 다른 사람들과의 파워 밸런스를 통해 결정되므로 상대적으로 '편중된 지점'을 찾아내서 특화해야 자신이 가진 능력을 발휘할 수 있다는 이론이야. 지금 사례로 치자면 자네가 가진 능력 중에서는 기획서 작성이 상대적으로 우위에 있다고 볼 수 있지.

제자   조금 전까지만 해도 김유능 씨가 넘을 수 없는 산처럼 느껴졌는데, 기획서에 관해서라면 제가 더 활약할 수 있을 것 같아요.

이능의 발견

누구나 '남들보다 나은 텐던시'를 갖고 있다

냥선생 실제로 최근에는 비교우위를 도입해 효과를 보는 대기
업도 많아. 예를 들어 구글은 직원들의 업무 성과를 조
사한 다음 하위 5퍼센트에 속하는 사람들을 예의 주시
하고 있는데…….

제자 네? 그 5퍼센트 안에 들면 잘리는 건가요?

냥선생 아니. **구글은 실적이 나쁘다고 해서 그 직원의 능력이
부족하다고 판단하지 않아. 대신 '텐던시를 살리지 못하
고 있는 것은 아닌가?' 하고 생각해서 어떻게든 지원 방
법을 찾으려고 하지.**[◆]

제자 그렇다면 다행이네요.

냥선생 구글 인사팀은 업무에 적응하지 못하는 직원을 보면
우선 '부서 배치가 잘못됐거나 관리가 소홀하지는 않
았나?' 하는 가설을 세워. 그러고는 상담을 통해 그 직
원의 니즈와 가치관을 파악한 다음 적절한 부서를 찾
아 나가지. 이 과정을 되풀이한 덕분에 인적 자원 최적

◆　　　구글 최고인적자원책임자CHRO였던 라즐로 복Laszlo Bock은 "구글은 하위
5퍼센트에 속한 사람들을 적극적으로 지원하려고 한다. 우리는 진심으로 그들이 성
공하기를 바란다"라고 말했다.[3]

화를 달성할 수 있었어.

제자 구글도 비교우위를 중요하게 여기는군요. 직원 입장에서도 일할 맛이 날 것 같아요.

냥선생 미국 전역에서 카지노 사업을 펼치는 하라스 엔터테인먼트도 비슷한 방법을 활용하고 있어. 직원들과 정기적으로 상담하고 각 직원의 만족도와 건강 상태가 개선될 수 있는 업무를 힘닿는 데까지 찾는 거지. 행복하고 건강한 직원이 많을수록 고객의 만족도도 높아진다는 사실이 과거 데이터를 통해 밝혀졌거든.

제자 직원의 능력을 제대로 활용하는 것을 경영의 기본으로 삼고 있나 보네요.

냥선생 그렇지. 여기서는 아래 두 가지 사실을 기억해 줬으면 하네.

1. 누구나 '남들보다 나은 텐던시'를 반드시 갖고 있다.
2. 자신 없는 일이라고 해도 '남들보다 나은 텐던시'라면 도움이 된다.

가장 중요한 건 누구에게나 '남들보다 나은 텐던시'는 무조건 있다는 사실이야. 지금 자네에게 특출난 능력이 없다고 하더라도 남들과 비교했을 때 조금이라도 나은 점은 하나 이상 있다는 말이지. 아까 사례에서도

이능의 발견

살펴봤듯이 자네는 김유능보다 뛰어난 점이 하나도 없었지만 결국 회사에 도움이 될 수 있었잖아? 그건 자네가 가진 능력의 상대적인 텐던시를 활용할 수 있었기 때문이지.

제자 **상대적인 능력이라도 괜찮다면 누구나 활약할 무대는 있겠네요.**

냥선생 더 극단적으로 말하자면 자네는 우사인 볼트와 겨뤄도 우위에 설 수 있다네.

제자 우사인 볼트랑요?

냥선생 우사인 볼트는 육상 능력이 너무 뛰어나서 육상 말고 다른 일에 시간과 노력을 들이기에는 기회비용이 너무 커. 따라서 우사인 볼트와 비교했을 때 자네는 육상을 제외한 모든 일에서 더 나은 텐던시를 갖고 있다고 할 수 있어. 설거지라든지 영수증 정리라든지, 그런 일들 말일세.

제자 우사인 볼트보다 나은 점이 있다고 하니까 어쩐지 의욕이 생기네요.

냥선생 **그리고 또 하나 기억해 두어야 할 것이 있어. '남들보다 나은 텐던시'는 자네가 잘하는 일이 아닐 수도 있다는 사실이야.**

만약 자네가 기획보다 영업을 더 잘하더라도 김유능

역시 영업 능력이 뛰어나다면 자네는 기획에 집중해야 집단에 도움이 되는 인재가 될 수 있어. **자네 입장에서는 서툴고 하기 싫은 일이라도 주위 사람들과의 균형에 따라 '뛰어난 능력'이 되기도 하는 거지.**

제자 문제편 1에서 이야기한 내용이네요. 무작정 취미나 특기를 뒤쫓기 전에 자신이 처한 상황을 파악해야 한다는 거죠.

냥선생 바로 그거야. **자신에게 '재능'이 있는지 없는지는 스스로 결정할 수 없어. 각자가 가진 특성은 상황에 따라 평가가 바뀔 수 있거든. 어디서는 환영받던 능력이 다른 곳에서는 냉대받는 일도 비일비재하지.**

제자 상황에 따라서는 사이코패스도 쓸모가 있다고 할 정도니까요.

냥선생 이 사실을 고려하지 않고 '나는 재능이 없으니까 성공할 수 없을 거야'라고 생각하는 건 초밥 장인이 '나는 카레를 못 만드니 요리로는 성공할 수 없을 거야'라고 생각하는 거나 마찬가지야.

제자 유전율과 마찬가지로 잣대를 적용하는 방법이 잘못됐다는 건가요?

냥선생 그렇게 말할 수도 있지. 자네들 인간이 일으키는 비극 대부분은 세상을 잘못된 잣대로 잰 것이 원인이거든.

이능의 발견

제자 그런 비극을 막기 위해서라도 지금 자신이 어떤 상황에 놓여 있는지 확인할 필요가 있겠네요.

냥선생 맞아. **재능을 발휘하고 싶다면 남들보다 뛰어나려고 애쓸 필요도, 자신이 잘하는 일을 추구할 필요도 없어. 그저 한쪽으로 치우치기만 하면 된다네.**

규칙이 애매한 세계일수록 이능 배틀에서 이기기 쉽다

제자 '텐던시'가 중요한 건 알겠는데, 아직 이해되지 않는 부분이 있어요. 지금까지 한 이야기를 정리하면 **평범한 사람은 뛰어난 사람의 뒤치다꺼리나 해야 한다**는 거잖아요. 평범한 사람은 언제까지고 재능 있는 사람을 이길 수 없는 건가, 하고 생각하니까 괜히 우울해지네요. 주제넘은 말처럼 들릴지도 모르지만…….

냥선생 아니, 그렇지 않아. '텐던시'는 자신이 평범하다고 생각하는 사람들에게도 한 줄기 희망을 주거든. '텐던시'만 잘 활용하면 약자라 하더라도 단번에 역전할 수 있으니까.

제자 정말요?

냥선생 우선 재능의 법칙, 그 세 번째를 살펴보자.

제자   세계의 규칙? 그게 뭔가요?

냥선생   지금까지 누누이 설명했듯이 **유전율이나 연습의 영향력은 규칙과 절차가 확립된 세계일수록 높아져.** 규칙이 정해진 세계에서는 능력을 평가하는 기준도 뚜렷해지기 때문이지.

제자   아하.

냥선생   가장 전형적인 것이 스포츠 세계야. 프로 스포츠는 종목마다 규칙이 명확하게 정해져 있고, 어떤 능력이 필요한지도 알기 쉬워. 마라톤 선수는 심폐지구력과 근지구력이 중요하고, 복싱 선수는 펀치력과 동체 시력이 중요하지. 여기까지는 누구나 이해할 수 있어.

이외에도 바둑이나 체스 선수권 대회, 수학경시대회, 프로그래밍 콘테스트, 전산회계 경진대회처럼 명확한 규칙을 기반으로 하는 경기에서는 유전율과 연습의 영향력이 커진다네. 다시 말해 규칙이 뚜렷한 세계에서는 특정 유전자를 갖고 태어난 사람이 활약하기 쉽고, 연습을 많이 한 사람일수록 승률이 높아지지.

제자   스포츠는 승패의 기준이 딱 정해져 있으니까 그 기준에 맞는 능력을 지닌 사람이 성공하기 쉬워지는 거로군요.

냥선생 바로 그거야. 그래서 규칙이 명확한 세계에서는 재능을 타고난 사람이 승승장구하고, 유전자와 환경 뽑기에서 꽝을 뽑은 사람은 좀처럼 판세를 역전하기 힘들어.

제자 진짜 잔혹한 세계는 여기 있었네요…….

냥선생 **하지만 이 말을 뒤집으면 평범한 사람들의 희망이 될 수도 있어. 규칙이 애매한 세계에서는 평범한 사람도 이길 가능성이 커진다는 뜻이거든.**
구체적으로는 현대 미술계를 들 수 있지. 다들 느끼고 있듯이 최신 현대 미술은 비전문가로서는 평가 기준을 도무지 알 수 없어서 가치 판단조차 불가능한 경우가 많잖아.

제자 별것 아닌 낙서 같은 그림이 억 소리 나는 금액에 팔리기도 하고요.

냥선생 현대 미술계에서는 '규칙을 어떻게 깨뜨리느냐'에 따라 작품의 가치가 결정되는 일이 많기 때문이라네.

제자 규칙을 깨뜨린 사람이 인정받는다는 건가요?

냥선생 모든 작품에 해당하는 건 아니지만 대체로 그래. 애당초 현대 미술 자체가 기존 규칙을 깨부수려는 시도에서 시작한 장르이기도 하고. 현대 미술의 아버지라고 불리는 미술가 마르셀 뒤샹Marcel Duchamp의 이름은 들어본 적 있겠지?

제자 네. 평범한 변기를 놓고 예술 작품이라고 주장한 사람 맞죠?

냥선생 으음, 그렇게 볼 수도 있으려나. 뒤샹은 남성용 소변기에 '샘'이라는 제목을 붙여서 뉴욕의 한 미술전에 출품했어. 당시에는 위원회가 전시를 거부할 만큼 물의를 일으켰지만, 지금은 20세기를 대표하는 작품으로 손꼽히지.

제자 평범한 변기인데요?

냥선생 **뒤샹은 예술의 규칙을 깨부쉈거든.** 그전까지만 해도 미술작품은 색채가 아름다운지, 현실을 생생하게 포착했는지, 종교적인 세계관을 묘사했는지 등 눈에 보이는 부분을 기준으로 평가됐어. 고전주의는 현실을 사진처럼 있는 그대로 베끼는 것을 미덕으로 여겼고, 19세기 후반 인상파는 빛에 따라 시시각각 달라지는 색채를 재현하려고 했어.

이에 비해 뒤샹은 별것 없어보이는 기성품이라도 미술관에 전시하면 '예술'로 성립한다고 주장하면서 전통적인 예술의 규칙을 부수려고 했지. '샘'이 나중에 높게 평가받은 것도 그때까지 비슷한 시도를 한 사람이

이능의 발견

없었기 때문이라네.♦

제자   어쩐지 한 편의 콩트 같네요.

냥선생 그렇지. **뒤샹이 등장하면서 현대 미술은 일종의 '기행 대결'처럼 흘러갔어. 기존 규칙을 얼마나 획기적으로 뒤엎느냐가 평가 기준의 하나로 추가됐지.**

제자   규칙을 깨부수는 게 규칙이 됐군요.

냥선생 그러다 보니 일반인이 현대 미술의 가치를 몰라준다고 해도 하는 수 없어. '이 작품은 어떤 규칙을 뒤집었는 가?' 같은 건 그 분야에 어지간히 훤하지 않은 이상 알 수 없으니까. 축구 선수가 갑자기 공을 들고 뛰쳐나가도 관중들이 축구 규칙을 모르면 그 선수가 반칙을 저질렀는지 아닌지 알 수 없는 것처럼.

제자   뒤샹의 작품도 '미술관은 기성품을 전시하지 않는다'라는 규칙을 깨부쉈다는 사실을 모르고 보면 평범한 변기니까요.

♦   여담이지만 최근 연구에 따르면 '샘'을 포함한 뒤샹의 작품 대부분은 독일인 예술가 엘사 폰 프라이탁로링호벤 Elsa von Freytag-Loringhoven이 제작한 것으로 보인다.[4]

틀을 모르면 틀을 부술 수 없다

냥선생 **'규칙이 애매한 세계에서는 약자도 역전할 수 있다'라는 생각에는 통계학적인 증거도 있어.** 2018년 노스웨스턴 대학교 연구진은 빅데이터를 활용해 세계적인 예술가 50만 명의 경력을 조사하고, 그들의 작품이 얼마에 판매됐는지 비교했어.♦ 성공한 예술가의 특징을 찾아내기 위해서였지.

분석 결과, 세계적으로 성공한 예술가는 두 가지 유형으로 나눌 수 있었어. 대체로 이런 느낌이지.

유형 1. 신인 시절, 유명한 미술관이나 갤러리에 자신의 작품이 전시됐다.

유형 2. 신인 시절, 지명도와 관계없이 여러 갤러리에 자신의 작품이 전시됐다.

♦   연구진은 1980년부터 2016년까지 수집된 데이터를 활용해 8,000곳 가까운 미술관과 1만 4,000곳이 넘는 갤러리에서 개최한 전시회 수십만 건을 분석했다.[5] 연구진은 특정 작품이 어떤 전시회를 거쳤는지 추적하고 그 경로를 지도로 정리했다.

첫 번째 유형은 금방 알겠지. 운이 좋아서 경력 초창기부터 뉴욕현대미술관, 테이트모던, 퐁피두센터처럼 유명한 미술관에 작품을 전시할 수 있었던 사례야. 이런 곳에 작품이 전시되면 작가는 거의 무조건 유명인이 되고 작품 판매가도 껑충 뛰어오르지. 대학교를 졸업하자마자 대기업에 취직한 거나 마찬가지랄까.

제자   그건 부럽네요…….

냥선생   하지만 이만큼 유명한 미술관은 경쟁률도 치열하거든. 마케팅을 잘하거나 유명인과 연줄이 있는 예술가가 유리할 수밖에 없어. 커뮤니케이션이 서툰 예술가는 이 시점에서 성공 확률이 낮아지지.

제자   아무리 작품 활동을 꾸준히 해도 누가 발견해 주지 않으면 무의미하죠.

냥선생   게다가 유명한 미술관들은 저마다 독자적인 평가 기준이 있거든. 최신 기술을 활용한 작품을 선호하는 곳이 있는가 하면, 사회 문제를 다룬 작품을 중시하는 곳도 있고, 소소한 감정을 자극하는 작품을 높이 평가하는 곳도 있어. 유명 미술관의 기준에서 비켜난 능력을 지닌 예술가는 시작하기도 전에 성공 가능성이 없어지는 셈이지.

제자   대기업에서 활약하는 인재도 한 줌에 불과하니까요.

냥선생 **여기서 중요한 것이 두 번째 성공 유형이라네.** 유명 미술관에 전시되지 않고도 성공한 예술가 대부분은 데뷔 직후 다양한 갤러리에 자신의 작품을 전시했어.
유형 1은 명성이 탄탄한 미술관에만 작품을 전시한 데 반해 유형 2는 장소와 지명도가 서로 다른 갤러리들을 스스로 조사하고 자신의 신작을 어디에 전시할지 찾아다녔지.

제자 무명 갤러리부터 시작해도 성공할 수 있나요?

냥선생 **여기서 중요한 점은, 유형 2에 속하는 예술가가 다양한 미술관과 갤러리를 개척하는 동안 자신의 '텐던시'를 이해해 주는 바이어나 비평가를 만날 수 있었다는 사실이야.** 유명한 미술관에서는 인정받지 못하는 스타일이라도 끈기 있게 찾아다니니까 취향이 맞는 사람들을 만날 수 있었던 거지.

제자 자기만의 이능을 발견한 거로군요.

냥선생 맞아. 현대 미술계는 수집가부터 비평가, 바이어에 이르기까지 저마다 독자적인 평가 기준을 갖고 있거든.
누군가 '독특한 화풍'을 중시할 때 또 다른 누군가는 '작품에 담긴 사상'을 중시할지도 모르지. 다양한 사람들의 무의식 속에 자리한 '예술의 기준'이 얽히고설키면서 커다란 시장이 형성됐어. 평가 기준이 다채로우면 기준에 부합하는 능력도 다채로워지지 않겠어?

제자   **규칙이 애매한 세계에서는 여러 전략이 통하겠네요.**

냥선생   반대로 말하면, 전통적인 미술 세계는 훈련 방법이 확
립되어 있으니까 유전과 연습의 영향력이 커진다네.
'실물과 똑같이 그린다' 혹은 '아름다운 색채를 구현한
다' 같은 오래된 규칙으로 싸우려면 소질과 노력이 필
요하거든. 하지만 현대 미술처럼 규칙이 애매한 세계
에서는 낙서나 변기로도 역전을 노릴 수 있지.

제자   '규칙이 애매한 세계일수록 이능 배틀에서 이기기 쉽
다'라는 말은 그런 의미였군요.

냥선생   그래. **하지만 지금까지 한 이야기가 규칙 따위 무시하
고 마음대로 행동하라는 뜻은 아니야.** 뒤샹이 인정받을
수 있었던 건 미술계 밑바탕에 깔린 불문율을 깊이 연
구하고 그걸 기반으로 새로운 일을 시도했기 때문이거
든. 틀을 부수려면 틀이 어떻게 생겼는지 알아야 하지
않겠나.

제자   **약자가 역전하려면 기존의 규칙을 면밀히 연구해야 한
다는 거죠?**

냥선생   바로 그거야. 자네들도 뒤샹처럼 자기만의 변기를 찾
아야 해.

제자   나만의 변기라……

이능 배틀에서 승률을 높이는 전략

제자 무슨 말인지는 알겠어요. 하지만 구글처럼 개개인의 텐던시를 살리려고 노력하는 회사나 집단은 거의 없잖아요. 그렇다면 저 같은 평범한 사람은 어떻게 해야 좋을까요?

냥선생 그것도 맞는 말이야. 어떤 세계든 간에 별것 없어보이는 사람에게 눈길을 주고 '남들보다 나은 텐던시'를 발전시키기보다는 능력과 경력이 보장된 사람을 고용하는 쪽이 훨씬 편하거든. 사실 '남들보다 나은 텐던시'를 살리는 작업은 스스로 해야 하는 일이야.

제자 그건 알겠는데요. 재능이 주위 사람들과의 균형으로 결정된다는 것까지는 이해했지만, 어떻게 해야 능력을 제대로 펼칠 수 있을지 구체적인 방법이 떠오르지 않아요…….

냥선생 너무 어렵게 생각할 필요 없어. 지금까지 설명한 내용을 다시 한번 확인해 보자.

재능의 법칙 1. 인생은 '이능 배틀'이다.

재능의 법칙 2. 재능이란 집단 내 '텐던시'가 인정받는 상태다.

재능의 법칙 3. 규칙이 애매한 세계일수록 이능 배틀에서 이기기 쉽다.

아까도 말했지만, 이 세상은 다양한 능력자들이 실력을 겨루는 이능 배틀이라고 할 수 있어. 그런 세계에서 활약하려면 자신이 지금 어떤 장소에서 싸우고 있는지, 즉 전투 상황을 파악한 다음 어떤 '텐던시'가 도움이 될지 고민해야 해. 구체적으로는 아래 두 단계를 따라가면 된다네.

1단계. 전투 방식을 정한다

2단계. 이능을 구사한다

제자 이 두 단계를 따라가면 인생이라는 '이능 배틀'에서 이길 수 있는 건가요?

냥선생 그래. 이 단계를 거치면 전투에서 이길 확률이 높아지지. 무조건 역전한다고 장담할 수는 없지만, 자신에 대한 주변의 평가를 높이는 건 얼마든지 가능해. 그럼 각 단계를 자세히 살펴보자꾸나.

이능 배틀의
전투 방식을 정하라

우선 이능 배틀의 전투 조건을 정하자

냥선생   자네만이 가진 이능을 발견하려면 먼저 **'싸우는 방식
을 결정'**해야 해. 여기서는 **누구에게서 인정받고 싶은
지, 그 인정을 통해 무엇을 얻고 싶은지 명확히 하는 과
정**을 말하지. 말하자면 이능 배틀의 전투 조건을 정하
는 단계라네.

제자   '회사에서 일 잘하는 직원이라는 평가를 받고 싶다'라
든지 '취미 세계에서 유명해지고 싶다'라든지, 그런 건
가요?

냥선생   맞아. 지금까지 살펴봤듯이 우리가 가진 '재능'은 집단

내에서 나타나는 상대적인 균형으로 결정돼. 그 사실
을 염두에 두지 않고 '나는 왜 재능이 없을까' 하고 고
민해 봐야 시간 낭비일 뿐이지. 그러니까 본격적으로
전투에 들어가기 전에 어떤 환경에서 싸워야 하는지 분
석하는 거야.

제자   어떤 경기에 출전할지 정하지 않으면 어떤 능력이 필
요한지도 알 수 없으니까요.

냥선생   《원숭이와 게의 싸움》으로 치면 '화로가 있는 집에서
원숭이와 싸운다' 하는 식으로 목표를 언어화하는 과
정이지. 목표가 정해지지 않으면 밤이나 소똥 입장에
서도 어떻게 대처해야 좋을지 알 수 없잖아?

그렇다면 전투 조건을 어떻게 정해야 하는지 구체적인
활동을 살펴보자.

연습 활동 l 필드 분석
어디서, 어떻게 싸울 것인가?

'필드 분석'은 심리치료 기법으로 개발된 활동을 이 책의 취지에
맞게 변형한 것입니다. 원래는 기분 저하나 동기 상실을 개선하
는 데 활용됐지만, 이후 다양한 분야에 적용 가능하다는 사실이

인정되면서 오늘날에는 비즈니스 코칭 등에서도 효과를 발휘하고 있습니다.

필드 분석을 통해 자기 자신을 분석하고 나면 **'나는 살면서 무엇을 하고 싶은가?'** 또는 **'나는 무엇으로 평가받고 싶은가?'** 같은 **질문에 대한 답이 어렴풋이 보일 것입니다.** 그 답을 자각할 때 비로소 자신이 가진 능력을 올바르게 발휘할 수 있습니다.

1. 어디서 싸울지 정한다

어디서 인정받고 싶은가요? 회사, 학교, 취미 모임 등 인정받고 싶은 집단에 관해 생각해 봅니다.

- ⊙ 나는 지금 어떤 집단에 속해 있는가?
- ⊙ 나는 어떤 집단에서 활약하고 싶은가?
- ⊙ 나는 어떤 집단에서 능력을 인정받고 싶은가?

위 질문에 대한 답을 생각한 다음 163쪽의 워크시트 '필드' 칸에 적습니다. '가족', '친구', '사내 프로젝트팀', '축구 동호회' 등을 예로 들 수 있습니다.

2. 심사위원을 파악한다

'심사위원'은 조금 전에 정한 필드에서 여러분의 능력을 평가하는 사람을 가리킵니다.

◎ 필드에서 여러분의 능력을 평가하는 사람은 누구입니까?

◎ 필드에서 가장 큰 영향력을 지닌 사람은 누구입니까?

◎ 여러분이 어떤 성과를 냈을 때 가장 잘 알아줄 것 같은 사람은 누구입니까?

◎ 필드에서 가장 인정받고 싶은 사람은 누구입니까?

위 질문에 대한 답을 생각한 다음 163쪽 워크시트 '심사위원' 칸에 적습니다.

필드로 '가족'을 골랐다면 심사위원은 배우자나 아이가 될 것이고 '사내 프로젝트팀'을 골랐다면 직장 동료나 상사가 될 것입니다. 앞서 결정한 집단의 평가 시스템을 여러모로 살펴보고 가장 적절한 심사위원을 정합니다.

3. 승리 조건을 고른다

이번에는 앞서 고른 필드에서 어떻게 활약해야 '성공'으로 볼 수 있을지 생각합니다.

◎ 필드에서 어떤 결과를 내야 '내가 가진 능력을 발휘했다'라고 말할 수 있습니까?

- 필드에서 심사위원의 마음에 들려면 어떤 식으로 도움이 되어야 합니까?
- 필드에서 어떤 평가를 받았을 때 가장 성공했다고 말할 수 있습니까?

답이 떠오르면 163쪽의 워크시트 '승리 조건' 칸에 적습니다. '직장 동료들에게서 이번 프로젝트에 대한 기여도를 인정받는다', '러닝 크루 멤버들에게서 열심히 한다고 칭찬받는다', '프레젠테이션에 필요한 자료를 일주일간 모은다' 등이 있습니다.

승리 조건을 어떻게 설정할지는 자유입니다. 이렇다 할 승리 조건이 떠오르지 않을 때는 아래 질문에 답하는 과정을 통해 찾을 수도 있습니다.

가족이 심사위원이라면
- 나는 가족과 어떤 관계를 구축하고 싶은가?
- 나는 어떤 유형의 형/오빠/누나/언니/동생/어머니/아버지가 되고 싶은가?
- 나는 어떤 유형의 부모가 되고 싶은가? 자식들의 눈에 어떻게 비치기를 바라는가?

이능의 발견

파트너(연인이나 배우자)가 심사위원이라면

Q1

⊙ 나는 파트너와 어떤 관계를 구축하고 싶은가?

Q2

⊙ 나는 어떤 유형의 연인/남편/아내가 되고 싶은가?

⊙ 파트너와의 관계에서 나는 어떤 인간으로 존재하고 싶은가?

Q3

친구나 지인이 심사위원이라면

⊙ 친구나 지인이 나를 어떤 사람으로 보기를 바라는가?

⊙ 나는 어떤 유형의 우정을 쌓고 싶은가?

⊙ 썩 친하지 않은 지인들과 어떤 관계로 남고 싶은가?

일로 만난 사람이 심사위원이라면

⊙ 필드에서 어떤 방식으로 일하는 것이 중요한가?

⊙ 지금 하는 일이나 프로젝트에 어떤 방식으로 기여하고 싶은가?

A1

⊙ 업무와 관련해서 어떤 인간관계를 구축하고 싶은가?

A2

불특정 다수가 심사위원이라면

A3

⊙ 나는 어떤 그룹이나 커뮤니티의 일원이 되고 싶은가?

⊙ 내가 몸담으려는 집단에 어떤 방식으로 기여하고 싶은가?

⊙ 나는 이 사회의 일원으로서 어떤 존재가 되고 싶은가?

승리 조건을 고를 때는 '예상'과 '상상'을 구분하는 것이 중요합

<u>니다.</u> 심리학에서는 두 가지 개념을 다음과 같이 구별합니다.

- 예상: 어떠한 상황을 머릿속에 그릴 때 과거에 겪은 기억을 활용하는 것입니다. 과거 식단 조절을 통해 다이어트에 성공한 적이 있어서 그때 경험을 기반으로 '오늘 저녁에 샐러드를 먹으면 몸무게가 줄 것이다'라고 생각했다면 이는 '예상'입니다. 즉 현실을 기반으로 어떠한 이미지를 떠올리는 행위를 가리킵니다.

- 상상: 과거의 체험에 기반하지 않고 그저 자신이 바라는 미래를 머릿속에 그리는 것입니다. 다이어트에 성공한 적이 없는데도 날씬해진 자신의 모습을 떠올리는 행위는 '상상'에 불과합니다.

두 가지 중 **'필드 분석'에서는 반드시 '예상'을 사용해야 합니다. 과거에 진행된 연구에 따르면 긍정적인 상상을 자주 사용하는 사람일수록 목표를 향해 나아가는 데 필요한 동기가 낮아지고, 노력을 덜 하게 됐다고 합니다.**[1] 과거의 체험에 기반하지 않는 긍정적인 상상에 빠지면 그것만으로도 우리의 뇌는 이미 목표에 가까워졌다고 착각해서 목표로 향하는 에너지를 절약하기 때문입니다.

따라서 '필드 분석'에서 상상을 사용하면 우리의 뇌가 '나는 이미 주위에서 인정받고 있어' 하고 오해하면서 자기 분석이 수박 겉핥기에 그칠 수 있습니다. **승리 조건을 정할 때는 실제로 겪은 일에 기반해서 현실적으로 필드에서 일어날 수 있는 일을 골라야 합니다.**

필드 분석 예시

필드	심사위원	승리 조건
회사 부서	상사	인사평가에서 높은 점수를 받는다.
사내 프로젝트팀	직장 동료, 상사	직장 동료들에게서 이번 프로젝트에 대한 기여도를 인정받는다.
러닝 크루	크루 멤버, 리더	러닝 크루의 규모를 키워서 크루 멤버들을 기쁘게 한다.
술자리를 자주 갖는 친구들	술자리 참가자	술자리에서 분위기를 띄운다.
가족	배우자	배우자에게서 가계에 보탬이 되고 있다고 칭찬받는다.
SNS 친구	팔로워 수가 많은 유저	'좋아요'를 평균 100개 이상 받는다.
일러스트 업로드 사이트	사이트 유저	데일리 랭킹 10위 안에 든다.
피트니스 센터	트레이너	트레이너에게서 노력을 인정받는다.
좋아하는 아티스트의 팬클럽	팬클럽 운영진	팬들 간의 다툼을 중재한다.

필드	심사위원	승리 조건
학창시절 친구들	선배	선배에게서 '네가 없으면 분위기가 영 안 살아'라는 말을 듣는다.
아르바이트 중인 편의점	사장, 아르바이트 선배	사장이 나에게 재고 관리를 맡긴다.
온라인 커뮤니티	오래 활동한 멤버	게시판 관리자를 맡는다.
내가 일하는 업계 전체	내가 개발한 서비스를 이용하는 유저	앱스토어에서 평균 별점 4점 이상을 받는다.

이능의 발견

어디서, 어떻게 싸울지 정하자

1. 필드

---

2. 심사위원

---

3. 승리 조건

---

* 승리 조건은 '상상'하지 말고 '예상'해서 적을 것!

어떤 이능을 활용해야 이길 수 있을까?

냥선생 이능 배틀의 필드, 심사위원, 승리 조건이 정해졌다면 이번에는 필드에서 어떻게 싸울지를 생각해 보자.

제자 드디어 자신이 가진 이능을 찾는 단계인가요?

냥선생 그래. 《원숭이와 게의 싸움》으로 치자면 승리 조건은 '나쁜 원숭이를 물리친다'가 되겠지. 이 승리 조건을 달성하려면 소똥이나 밤 같은 캐릭터들이 자기가 가진 자질을 파악해야 해. 소똥이라면 "나는 적을 자빠지게 할 수 있어", 밤이라면 "나는 열을 받으면 팍 튀어 올라" 하는 식이지.

제자 저도 '어떤 이능을 활용해야 이길 수 있을지' 고민해 봐야겠네요.

냥선생 그때 도움이 될 만한 연습 활동을 살펴보자.

연습 활동 II 텐던시 분석
나에게 승리를 안겨줄 이능을 찾자

앞서 해결편 1에서 살펴본 것처럼, 어떠한 집단에서 활약하려면 자신이 가진 '남들보다 나은 텐던시'가 무엇인지 알아야 합니다.

이능의 발견

다시 말해 자신이 속한 집단에서 나타나는 비교우위를 파악하고 이를 활용하는 것입니다.

다만 비교우위를 정확하게 구하려면 모든 구성원의 작업 비용을 계산해야 합니다. 아예 불가능한 일은 아니지만 계산량이 너무 많다 보니 현실적으로는 힘듭니다.

이때 필요한 것이 **'텐던시 분석'**입니다. 텐던시 분석은 '남들보다 나은 텐던시'를 파악하기 위해 개발된 활동으로, 끝까지 따라오면 자신이 지닌 능력을 어떻게 사용해야 할지 감이 잡힐 것입니다. 정확한 비교우위에 매달리기보다는 텐던시 분석을 통해 자신이 지닌 이능이 무엇인지 가늠한 다음, 일상에서 그 능력을 시험하는 과정을 되풀이하는 것을 추천합니다.

텐던시 분석은 아래 순서대로 진행합니다.

1. 어떤 텐던시가 인정받는지 생각한다

자기가 가진 '남들보다 나은 텐던시'를 파악하려면 앞서 163쪽에서 고른 필드에서 어떤 능력을 필요로 하는지, 심사위원이 어떤 성과를 요구하는지 알아야 합니다.

이러한 사항을 고려하지 않고 취미와 특기를 기반으로 자기 분석을 진행하면 아무도 원하지 않는 능력을 기르게 될 수 있으며, 아무런 성과를 내지 못할 확률이 커집니다.

필드에서 반기는 텐던시를 알아보려면 우선 아래 두 가지 인물을 머릿속에 그려봅니다.

> 1. 승자: 앞서 고른 필드에서 현재 활약하고 있는 사람
> 2. 심사위원: 앞서 고른 필드에서 성공을 평가하는 사람

구체적인 인물이 떠올랐다면 다음 질문에 대한 답을 생각해봅니다.

- ◉ 승자는 어떤 특성이나 기술을 갖고 있을까?
- ◉ 심사위원은 어떤 특성이나 기술을 중시할까?
- ◉ 내가 고른 필드에서 우수하다고 여겨지는 사람과 그렇지 않은 사람을 가르는 특성이나 기술은 무엇일까?
- ◉ 내가 고른 필드에서 가장 도움 되는 특성이나 기술은 무엇일까?

답이 떠올랐다면 자신이 고른 필드와 함께 169쪽 워크시트 '인정받는 텐던시' 칸에 적습니다. **이 과정은 텐던시 분석 중에서도 가장 중요한 작업이므로 시간을 들여 곰곰이 생각합니다.** 가능하다면 사내 우수 직원과 같은 집단 내 핵심 인물의 조언을 얻어 정밀도를 높일 수도 있습니다.

답이 도저히 떠오르지 않을 때는 지금 시점의 지식과 경험을 기반으로 추측해도 괜찮습니다. 해당 워크시트는 다 쓴 뒤에도

정기적으로 수정해야 하므로 처음부터 완벽하게 쓸 필요는 없습니다. 그래도 빈칸을 채우기 힘들다면 178~180쪽 '텐던시 리스트'를 참고해 비슷해 보이는 것을 고릅니다.

이미 여러 번 이야기했지만, 앞으로도 '특기'라고 생각하는 능력에 매달리지 않도록 조심해야 합니다. 스스로 글을 잘 쓴다고 생각하더라도 자신이 고른 필드에서 아무도 문장력을 인정해 주지 않는다면 워크시트에 적어서는 안 됩니다.

어떤 텐던시가 인정받을까

필드 1

인정받는 텐던시	사내 프로젝트팀

정보 수집, 자료 정리, 세부 사항 검토, 문제 발견, 교정, 보고, 정보 취사 선택, 이론 세우기, 논리성, 학습, 문제 해결, 관찰, 마무리

필드 2

인정받는 텐던시	러닝 크루

신체 능력, 타인과의 커뮤니케이션, 통솔력, 멤버 간 갈등 중재, 꾸준한 연습, 외국어 능력, 활발한 성격

필드 3

인정받는 텐던시	좋아하는 아티스트의 팬 커뮤니티

글을 올리는 빈도, 날카로운 질문 발굴, 사진 보정, 이벤트를 기획하는 능력, 하고 싶은 말을 정확히 전달하는 능력, 자료를 이해하는 능력

어떤 텐던시가 인정받을까

필드 1

인정받는 텐던시

필드 2

인정받는 텐던시

필드 3

인정받는 텐던시

2. 텐던시에 순위를 매긴다

텐던시 분석을 통해 필드에서 인정받는 능력을 골랐다면 이번에는 자신의 텐던시를 분석할 차례입니다. 이 단계에서는 자신이 가진 '남들보다 나은 텐던시'들을 구체화하고 필드에 어울리는 조합을 찾는 것을 목표로 합니다. 아래의 설명을 차근차근 읽으면서 173쪽의 워크시트를 채워봅니다.

인정받는 능력

169쪽에 나열한 '인정받는 텐던시' 중에서 가치 있어 보이는 것을 고릅니다. 이때 능력은 최소 3개, 최대 8개까지 고를 수 있습니다.

나

위에서 고른 '인정받는 텐던시'에 대한 자신의 점수를 10점 만점 기준으로 매겨서 '능력치'에 적습니다. 가지지 않은 능력이라면 1점, 능숙하게 구사할 수 있는 능력이라면 10점입니다.

일반인

앞으로 전투를 벌일 필드에서 쉽게 볼 수 있는 평범한 사람을 한 명 고릅니다. 눈에 띄게 활약하지는 않지만 무능하지도 않은 사람을 말합니다. 특정 인물이 떠오르지 않을 때는 평범한 사람

이능의 발견

이라는 설정에 따라 가상의 인물을 만들어봅니다.

특정 인물을 골랐다면 각 인정받는 텐던시에 대한 점수를 10점 만점 기준으로 매겨서 '능력치'에 적습니다.

승자

앞으로 전투를 벌일 필드에서 눈에 띄는 활약을 펼치고 있는 능력자를 두 명 고르고, 그들의 능력을 10점 만점 기준으로 채점해서 '능력치'에 적습니다. 승자의 이야기를 직접 듣거나 승자를 잘 아는 사람을 취재하는 것이 이상적이지만, 상황이 여의치 않을 때는 자신이 알고 있는 내용을 기반으로 추측합니다.

활용도

나, 일반인, 승자가 각 능력을 필드에서 얼마나 잘 활용하고 있는지를 10점 만점 기준으로 채점합니다. 항상 사용하는 능력이라면 10점, 거의 사용하지 않으면 1점입니다. 예를 들어 승자가 10점짜리 '자료 수집 능력'을 갖고 있어도 실제 필드인 회사에서 자료 수집 업무를 맡지 않는다면 활용도는 1점입니다.

합계

앞에서 매긴 '능력치'와 '활용도'를 더합니다.

택런시에 순위를 매기자

인정받는 택런시	점수											
	나			일반인			승자A			승자B		
	능력치	활용도	합계	능력치	활용도	합계	능력치	활용도	합계	능력치	활용도	합계
1 정보 수집	6	10	16	5	4	9	9	8	17	9	7	16
2 정보 취사 선택	6	8	14	6	4	10	10	9	19	9	8	17
3 문제 발견	5	4	9	5	5	10	6	7	13	10	9	19

이능의 발견

연습활동 ‖ 텐던시 분석
텐던시에 순위를 매기자

인정받는 텐던시	점수											
	나			일반인			승자A			승자B		
	능력치	활용도	합계	능력치	활용도	합계	능력치	활용도	합계	능력치	활용도	합계
1												
2												
3												
4												
5												
6												
7												
8												

173

3. 결과를 차트로 정리한다

능력치와 활용도의 합계를 그래프로 표현하면 지금까지 한 연습 활동의 결과를 한눈에 볼 수 있습니다. **175쪽 예시와 같이 합계 점수를 꺾은선그래프로 그립니다.**

자신의 점수는 검은색 선으로 그리고, 일반인은 파란색, 승자A는 초록색, 승자B는 빨간색 선으로 그리는 등 서로 다른 색깔로 구분하면 더 좋습니다. 175쪽 꺾은선그래프 예시를 보면 여러 능력 중에서도 6, 7, 8번이 도움이 될 것이라는 사실을 알 수 있습니다. 이것이 바로 내가 가진 '남들보다 나은 텐던시(=이능)'입니다.

혹시 이 중에 승자보다 나은 능력이 없다고 하더라도 너무 실망할 필요 없습니다. 그 대책을 다음 장에서 소개하겠습니다.

이능의 발견

결과를 차트로 정리하자

【예시】

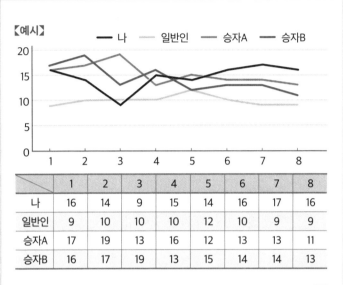

	1	2	3	4	5	6	7	8
나	16	14	9	15	14	16	17	16
일반인	9	10	10	10	12	10	9	9
승자A	17	19	13	16	12	13	13	11
승자B	16	17	19	13	15	14	14	13

【직접 써봅시다】

다른 색깔로 구분해 주세요

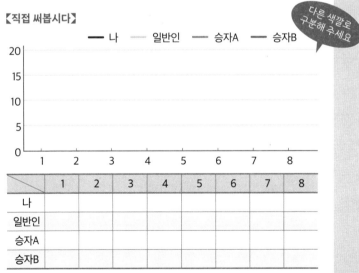

	1	2	3	4	5	6	7	8
나								
일반인								
승자A								
승자B								

능력을 더 깊이 파헤쳐 보자

냥선생　이능을 찾는 데 필요한 기본적인 내용은 여기까지라
네. '필드 분석'과 '텐던시 분석'만 알아도 자기만의 이
능을 찾을 확률이 확 올라갈걸세.

제자　네! 슬슬 무슨 말인지 알 것 같아요.

냥선생　그렇다면 지금부터는 보조 활동을 몇 가지 살펴보자.

제자　보조……?

냥선생　'필드 분석'과 '텐던시 분석' 자체는 어렵지 않지만 처
음 하는 사람이라면 헤맬 만한 부분이 몇 군데 있어.
이런 질문이 특히 자주 나오지.

- 내가 고른 필드에서 어떤 능력이 인정받는지 모르겠다.
- 내가 평소에 어떤 능력을 사용하고 있는지 모르겠다.

제자　확실히 평소에 고민할 일 없는 주제니까 답이 금방 떠
오르지 않겠네요.

냥선생　**내 이야기다 싶으면 보조 활동 중에서 자신의 문제에 맞
는 걸 골라서 따라 해 보게나. 혼자서 끙끙 앓을 때보다
는 좋은 답이 나올 테니까.**

보조 활동 | 텐던시 리스트
200여 개 텐던시 중 나에게 맞는 것을 골라보자

'텐던시 리스트'는 사람들이 지닌 특성이나 기술 중에서 200여 개를 추린 목록입니다. 많은 집단에서 대체로 인정하는 능력을 망라하고 있으며, 원래는 심리치료나 자기 분석에 쓰였습니다. **앞으로 전투를 벌일 필드에서 어떤 특성이나 기술을 요구하는지 잘 모르겠다면 이 목록을 보면서 자신의 상황에 맞는 능력을 고릅니다.** 물론 이 목록에 있는 능력이 전부는 아니므로 어디까지나 참고 자료로 활용하면서 더 적합한 단어는 없는지 생각해 보기를 추천합니다.

텐던시 리스트는 '일상에 도움 되는 텐던시'와 '업무에 도움 되는 텐던시'로 나뉩니다. 가족이나 취미 모임 등에서 인정받고 싶을 때는 '일상에 도움 되는 텐던시' 리스트를, 직장이나 부업에서 인정받고 싶을 때는 '업무에 도움 되는 텐던시' 리스트를 활용하면 좋겠지요.

일상에 도움 되는 텐던시 리스트

매사에 정확하다	말보다 행동이 앞선다	리스크를 감수한다
분석적	아름다움을 즐길 줄 안다	견문이 넓다
예술적	운동신경이 뛰어나다	행동에서 진실성이 느껴진다
용감하다	배려심	시민 의식
이해력	동정심이 많다	애교가 많다
커뮤니케이션	자신감	친절하다
용기가 있다	창조적	논리적
호기심이 많다	헌신적	결단력
규칙을 잘 지킨다	교육 수준	공감력
기운이 넘친다	다른 사람을 즐겁게 한다	열정
공평하다	행동이 빠르다	유연성
집중력	설득력	관대하다
친근하다	호탕하다	외모
매사에 감사할 줄 안다	봉사 정신	정직하다
늘 희망에 차 있다	겸손하다	유머 감각
높은 이상	자립심	기발한 아이디어
근면 성실하다	흔들림 없이 평온하다	사기를 북돋운다
양심	지성	친절하다
지식이 풍부하다	리더십	늘 생기 넘친다
논리적	애정이 넘친다	배움에 대한 의욕이 높다
인정이 많다	겸손하다	모티베이션
관찰력	낙관적	누구에게나 개방적이다
편견이 없다	질서를 잘 지킨다	독창적
정리정돈을 잘한다	사교적	인내력

이능의 발견

사람을 잘 다룬다	끈기가 있다	말을 잘한다
무슨 일이든 끝까지 해낸다	내뱉은 말은 실천한다	정밀하다
신중하다	정중한 태도	책임감
겁이 없다	순발력	자신의 감정을 잘 조절한다
표정이 풍부하다	정신력이 높다	자발적으로 행동한다
안부 연락을 잘한다	사회에서 살아남는 기술	솔직하다
전략적	재치가 있다	팀워크

업무에 도움 되는 텐던시 리스트

팀의 분위기를 살린다	새로운 조직에 잘 적응한다	관리
자료 분석	섭외, 작업 계획 수립	조언
예산 관리	팀 빌딩	대화를 통한 의사 결정
밸런스 조절	커뮤니케이션	타인을 컨트롤한다
갈등 조정	세부 사항 체크	상담
자료 정리	코칭	의사 결정 능력
세세한 부분까지 신경 쓴다	완성도를 끌어올린다	타인의 성장을 돕는다
로드맵 제시	새로운 사실을 발견한다	정보를 머릿속에 넣는다
공감 능력	가치를 파악한다	리서치
설명을 잘한다	정보 편집	타인에게 일을 잘 맡긴다
문제 발견	문제 수정	이론을 세운다
일의 마무리	집단을 이끈다	정보 수집
정보의 취사선택	아이디어를 낸다	피드백을 준다
피드백을 받는다	타인의 일을 돕는다	문제 대처 능력

접대	상상력	실행력
영향력	새로운 일을 시작한다	혁신적
인터뷰	업무 지시	타인의 능력을 파악한다
학습	이야기를 듣는다	인적 자원 배치
프로젝트 가동	권유	매니지먼트
타인에게 의욕을 불어넣는다	사람을 만난다	마케팅
협상	일의 방향 조정	관찰
조직화	꼼꼼한 검사	감독
설득	플래닝	준비
프레젠테이션	문제 해결	교정
일의 우선순위를 매긴다	의문을 가진다	최적의 조건을 제공한다
외국어 능력	민원 해결	보고
기록	수리	확인
스케줄링	판매	세팅
지휘	단순화	스피킹
전략을 세운다	다른 사람을 잘 가르친다	팀워크
조정	트레이닝	세부 사항에 대한 추적 조사

보조 활동 II 텐던시 일기
평소 행동을 살펴 나만의 이능을 찾자

'텐던시 일기'란 일상을 모니터링하는 과정을 통해 자신이 평소 어

이능의 발견

떤 능력을 사용하는지 파악하는 활동입니다. 긍정심리학에서 사용되어 오던 기법을 텐던시의 관점에서 변형했습니다.

- 내가 가진 텐던시가 무엇인지 모르겠다.
- 내가 가진 능력 중 무엇이 도움 될지 모르겠다.

이러한 고민을 하고 있다면 '텐던시 일기'부터 시작하면 됩니다. 방법은 아래와 같습니다.

1. 직장이나 취미 모임 등 앞에서 고른 필드에 있는 동안 스마트폰이나 손목시계 알람이 총 세 번 울리도록 설정합니다. 몇 분 간격이든 몇 시간 간격이든 상관없지만, 가능한 한 무작위로 울리도록 설정하는 것이 좋습니다.

2. 알람이 울리면 그 시각을 183쪽 워크시트에 적습니다. 옆에는 알람이 울릴 때 자신이 하고 있던 활동을 적습니다(문서 작성, 직장 동료와 대화, 피아노 연습 등).

3. 그 활동의 내용에 10점 만점으로 점수를 매깁니다. 채점 기준은 '집단의 이익'과 '독자성'입니다.

집단의 이익

그 활동을 통해 필드 관계자들에게 얼마나 큰 이익을 가져다

주었나요? 금전적인 이익뿐만 아니라 '직장 동료들이 만족했다', '동호회의 분위기가 좋아졌다', '고성과자의 영업 계약 성사에 도움을 주었다' 등 폭넓게 고민해 봅니다. 그 활동으로 인해 아무런 이익이 발생하지 않았다면 0점, 누구나 인정할 만한 큰 이익이 발생했다면 10점입니다.

독자성

그 활동은 같은 필드에 있는 사람들이 흉내 내기 힘든 독자성을 갖고 있나요? 반드시 자신이 해야 하는 일인가요? 필드에는 그 활동을 할 수 있는 사람이 몇 명이나 더 있나요? 이러한 지점에 관해 생각해 봅니다. 누구든 할 수 있는 일이라면 0점, 집단 내에서 나만 할 수 있는 일이라면 10점입니다.

4. 조금 전에 매긴 점수를 보고 '집단의 이익'과 '독자성'의 합이 15 이상인 활동을 고릅니다. 다음으로는 그 활동을 수행하는 과정에서 자신이 사용한 '능력'을 적습니다. 잘 생각나지 않을 때는 178~180쪽 '텐던시 리스트'를 참고합니다.

'텐던시 일기'를 쓰는 방법은 여기까지입니다. 데이터가 쌓이면 쌓일수록 자신의 이능을 파악하기 쉬워지므로 적어도 2주간은 꾸준히 써 봅니다.

평소 행동을 통해 나만의 이능을 찾자

1. 알람이 울린 시각과 그때 자신이 하고 있었던 활동을 적는다.

시각 | 활동

- _____   A. _____
- _____   B. _____
- _____   C. _____

2. 각 활동에 10점 만점으로 점수를 매긴다.

A. _____

집단의 이익   독자성   합계
_____ /10점 + _____ /10점 = _____ 점

B. _____

집단의 이익   독자성   합계
_____ /10점 + _____ /10점 = _____ 점

C. _____

집단의 이익   독자성   합계
_____ /10점 + _____ /10점 = _____ 점

3. 합계가 15 이상인 활동에서 어떤 '능력'을 사용했는지 적는다.

_____

_____

보조 활동 Ⅲ 다른 사람의 텐던시 찾기
다른 사람의 텐던시를 보면 나의 텐던시를 알 수 있다

이번 활동에서는 다른 사람의 행동을 관찰하면서 자신의 능력에 관해 생각합니다. 긍정심리학 연구에 따르면 자기 자신에 관해서만 생각할 때보다 다른 사람이 어떤 능력을 지녔는지 관찰할 때 자신에 대해 더 정확한 답을 얻을 수 있다고 합니다.◆

'내가 가진 텐던시는 무엇일까?' 혹은 '필드에서 인정받는 능력은 무엇일까?' 등이 궁금하다면 아래 순서를 따라 다른 사람의 행동을 체크하고 185쪽 워크시트의 빈칸을 채워봅니다.

1. 자신이 고른 필드 내에서 '승자'와 '일반인'을 한 사람씩 머릿속에 떠올린다. 승자는 2~3명 정도 고르면 좋다.

2. 그들이 평소 활동하면서 자주 발휘하는 능력을 세 개씩 적는다. 잘 생각나지 않을 때는 178~180쪽 '텐던시 리스트'를 참고한다.

3. 그들이 소속 집단이나 커뮤니티에서 성과를 올리기 위해 자신의 능력을 어떻게 사용하고 있는지 생각해 본다.

◆　　긍정심리학 연구로 잘 알려진 라이언 M. 니믹은 여러 선행 연구를 분석한 다음 "대략 95퍼센트의 사람들은 자신의 능력을 스스로 파악하기 어려우므로 다른 사람의 능력을 관찰할 필요가 있다"라고 조언했다.[2]

다른 사람을 분석해 나의 텐던시를 찾자

1. 자신이 속한 필드 내에서 '승자 A'와 '일반인 B'를 고른다.

A_____씨 와 B_____씨

2. 그들이 자주 발휘하는 능력을 세 개씩 적는다.

A_____씨

- _____
- _____
- _____

B_____씨

- _____
- _____
- _____

3. 그들이 소속 집단이나 커뮤니티에서 성과를 올리기 위해 자신의 능력을 어떻게 사용하고 있는지 적는다.

A_____씨 →

B_____씨 →

자기 자신을 아는 것이 중요하다

냥선생   지금까지 소개한 활동을 잘 따라왔다면 주위 사람들과 비교했을 때 자신이 가진 기술과 능력의 위상이 어떠한지 알 수 있었을 걸세.

제자   네. 제가 가진 능력 가운데 뭐가 '남들보다 나은 텐던시'인지 알 것 같아요.

냥선생   **집단 내 역학 관계는 종종 바뀌기도 하니까, 연습 활동과 보조 활동은 한번 했다고 해서 끝이 아니라네.** 반년에 한 번씩 다시 해 보면서 '남들보다 나은 텐던시'를 재인식하는 것도 좋겠지.

제자   신입이 들어오거나 부서를 옮기면 자신의 텐던시도 바뀔 테니까요.

냥선생   맞아. **어느 쪽이든 간에 이능 배틀에서 이기려면 집단 내에서 자신의 포지션이 무엇인지 파악하고 깊이 파고들어야 해.** 그러면 어디로 나아가야 할지 저절로 길이 보일 거야.

제자   천 리 길도 자기 분석부터로군요.

냥선생   내 스승님도 예전에 이런 말을 남겼어. "인간이든 동물이든 자기 자신을 아는 것은 살아가면서 중요한 일이다. 자기 자신을 아는 자라면 인간도 인간으로서 고양

이능의 발견

이보다 존경받을 수 있다".[*]

제자   와, 스승님에게도 스승님이 있었군요. 명언을 남기셨네요.

냥선생   에도 시대에 태어난 대선배님이거든. 그럼 자기 자신에 대해서도 파악했으니 다음 단계로 넘어가 볼까. 이번에는 자신이 가진 이능을 활용하는 방법을 살펴보도록 하자.

[*]   나쓰메 소세키의 《나는 고양이로소이다》 중.

인터넷에서 유명한 능력 테스트,
꼭 해야 할까?

제자　자신의 능력을 더 간단하게 알아볼 수는 없나요? '스트렝스 파인더'처럼 인터넷에서 할 수 있는 테스트도 있잖아요.

냥선생　그것도 나쁘지 않지만, 그다지 추천하지는 않아.

제자　네? 그치만 많이들 하던데요.

냥선생　자신의 강점을 찾는 테스트라고 하면 'VIA-IS^VIA Inventory of Strengths'와 '스트렝스 파인더Strengths Finder'가 유명하지. 둘 다 재능 관련 자기계발서의 단골 소재거든.

　　■ VIA-IS: 긍정심리학의 아버지라고 불리는 마틴 셀리그먼Martin Seligman이 개발했다. 서로 다른 24가지 강점을 6개 장르로 분류했

으며, 역사적으로 위대한 철학자나 종교인 등에 관한 연구에서 도출된 지식을 기반으로 한다. 검사는 무료.

■ 스트렝스 파인더: 《위대한 나의 발견 강점혁명: Strengths Finder 2.0》이라는 책으로 유명해진 테스트. 교육심리학자인 도널드 클리프턴 Donald Clifton이 개발했으며, 34가지 강점을 평가한다.

제자   둘 다 해 봤는데……. 이걸로는 안 되나요?

냥선생   안 될 것까지는 없지. 둘 다 방대한 데이터를 통해 검증된 테스트니까. 특히 VIA-IS는 사회과학자 55명이 3년간 진행한 프로젝트를 기반으로 하는 데다가 연구 수준도 낮지 않아.

제자   그럼 괜찮겠네요!

냥선생   하지만 한계는 있어. 가장 큰 문제는 겨우 24개 내지는 34개 패턴으로 우리가 가진 재능을 전부 커버할 수 없다는 점이지.

제자   재능의 종류가 부족하다는 말인가요?

냥선생   그래. 예를 들어 '자기인식', '참을성', '능동성' 같은 재능은 어느 테스트에도 포함되어 있지 않아.

제자   정말요? 참을성이라든지 능동성은 살면서 꽤 도움 되는 능력이라고 생각했는데요. 자기인식도 기술을 갈고

닦는 데 빼놓을 수 없는 능력이잖아요.

냥선생   게다가 VIA-IS와 스트렝스 파인더 둘 다 미국에서 개발된 테스트다 보니 아시아권에서 장려하는 능력은 다루지 않아. '중용' 같은 특성이 대표적이야. 극단적인 의견 사이에서 균형을 잡거나 커뮤니케이션을 원활하게 하려면 꼭 필요한 능력인데 말이야.

제자   테스트가 서양의 가치관에 치우쳐 있군요.

냥선생   한 가지 테스트에만 포함된 재능이 존재한다는 점도 문제라네. 예를 들어 '유머'라는 재능은 VIA-IS에는 포함되어 있지만, 스트렝스 파인더에서는 다루지 않지.

제자   의외네요. 유머는 중요한 재능이라고 생각했는데.

냥선생   '유머' 같은 사례는 빙산의 일각일 뿐이고, 두 테스트 모두 다루지 않는 재능이 못해도 100개는 넘을 걸세. 애당초 인간의 재능에는 다양한 패턴이 있으니까 이름만 없을 뿐 실제로는 존재하는 것도 많겠지.

제자   듣고 보니 24개나 34개만으로는 부족하겠네요.

냥선생   번역 문제도 있어. 가령 스트렝스 파인더는 한국어 번역이 있지만, 같은 사람이 한국어로 테스트했을 때와 영어로 테스트했을 때 결과가 다르게 나오는 사례가 자주 나타난다네.

제자   뉘앙스 문제도 크겠는데요…….

     이능의 발견

낭선생 테스트 자체가 무의미하진 않지만, 둘 다 인간의 재능
      을 빠짐없이 망라한 것은 아니고, 서양식 가치관이 밑
      바탕에 깔려 있다는 사실은 기억해 두는 것이 좋겠지.
      이를 간과하고 테스트 결과에만 사로잡히면 자신이 지
      닌 가능성을 못 보고 지나칠 수 있거든.
제자 자기 분석의 초안 정도로만 사용하는 게 좋겠군요.

나만의 이능을 사용하는 법

내가 가진 이능을 제대로 사용하려면?

냥선생   자신의 텐던시가 무엇인지 알았다면 이번에는 그 텐던
시를 어떻게 구사할지 생각해 보자. 자네가 고른 필드
에서 능력을 충분히 발휘하고, 그로 인한 기여도를 '심
사위원'에게 인정받는 것까지가 이번 단계의 목표라
네. 따라서 자네가 해야 할 일은 아래 두 가지로 정리
할 수 있지.

- 자신의 텐던시를 제대로 사용한다.
- 자신의 성과를 심사위원에게 알린다.

제자　능력을 발휘하고 끝이 아니라 자기 자신을 어필하는 활동도 들어 있네요?

냥선생　그래. 자네가 아무리 이능을 발휘해도 그 사실을 아무도 모르면 의미가 없거든. 혼자서 '나는 중요한 일을 맡고 있어' 하고 생각해 봐야 자기만족일 뿐이야.

《원숭이와 게의 싸움》으로 말하자면 모든 캐릭터가 자신의 텐던시를 활용해 원숭이를 무찌른 다음 게의 자식들에게서 감사 인사를 받는 상태라고 볼 수 있다네. 이 단계에 이르지 못하면 '재능이 있다'라고 말하기는 힘들어.

제자　**'재능이 있다'라는 건 곧 주위에서 능력을 인정받는 상태니까요.**

냥선생　그래서 '텐던시 활용'과 '자기 어필'은 항상 세트로 생각해야 해. 이때 도움이 되는 활동을 살펴보도록 하자.

연습 활동 III 텐던시 활용 훈련
이능의 올바른 사용법을 찾는다

지금까지 설명한 활동을 통해 자신이 가진 '남들보다 나은 텐던시'가 무엇인지 알아낼 수 있었습니다. 하지만 아무리 유용한 능력을 발견하더라도 현실에서 활용하지 못한다면 돼지 목에 진주 목걸이나 마찬가지겠지요.

이때 필요한 것이 **'텐던시 활용 훈련'**입니다. 텐던시 활용 훈련은 긍정심리학에서 쓰이는 심리치료 기법을 재능의 활용 관점에서 변형한 활동입니다.[♦] 지금부터 설명하는 내용을 여러 번 되풀이하다 보면 자신이 가진 '남들보다 나은 텐던시'를 어떻게 활용해야 할지 윤곽이 조금씩 보일 것입니다. A에서 E까지 순서대로 199쪽 워크시트를 채워봅니다.

A. 175쪽 '텐던시 분석'을 통해 알아낸 자신의 '남들보다 나은 텐던시' 중 하나를 고릅니다. '남들보다 나은 텐던시'가 여러 개라면 '능력치'와 '활용도'의 합이 가장 큰 것을 고릅니다.

반대로 필드 내 다른 능력자들보다 뛰어난 텐던시가 하나도 없다면 아래와 같은 활동을 진행합니다.

1. '텐던시 분석'의 결과를 정리한 꺾은선그래프(175쪽)를 보고 '능력치'

♦　미시간대학교의 크리스토퍼 피터슨Christopher Peterson이 우울증 삽화 개선을 위해 개발한 훈련법을 기반으로 한다.[1] 피터슨의 연구에 따르면 이 훈련법을 매일 실천한 피험자는 일주일 만에 행복도가 높아지고 우울증 삽화가 줄어들었는데, 이러한 변화는 6개월이 지날 때까지 지속됐다.

와 '활용도'의 합이 2~3번째로 큰 텐던시를 고른다.

2. '텐던시 분석'의 첫 번째 단계(169쪽)로 돌아가 다른 필드에서 남들보
   다 뛰어난 텐던시를 다시 찾는다.

**지금 설명한 방법은 둘 중 하나만 해도 상관없지만, 가급적 둘
다 동시에 하는 것이 좋습니다. 자신의 능력이 빛을 발할 수 있는
무대를 찾으려면 다양한 필드에서 꾸준히 텐던시를 찾아 나가야
하기 때문입니다.**

보통 필드로는 직업이나 취미 세계 정도만 고르기 쉽지만, 자
신의 이능을 살릴 수 있는 곳은 훨씬 무궁무진합니다. 온라인 커
뮤니티, 지역 모임, 가족 모임, 좋아하는 연예인의 팬클럽, 사회인
동호회, 사내 동아리 등 나만의 능력이 활약할 수 있는 필드는 생
각지도 못한 곳에 있을지도 모릅니다.

이능 배틀이 벌어지는 필드를 한 군데로 한정하면, 배틀에서
졌을 때 재정비가 힘들어질 뿐만 아니라 자신의 이능이 통하는
집단을 못 보고 지나칠 수 있습니다. 약자가 이기려면 다양한 사
람으로 구성된 여러 집단을 오고 가면서 더 나은 텐던시를 찾아
야 한다는 내용은 앞서 해결편 1에서도 살펴봤지요. 이를 위해
서라도 텐던시의 포트폴리오는 가능한 한 다양하게 갖추는 것이
좋습니다.

B. 앞에서 고른 '남들보다 나은 텐던시'를 놓고 '오늘은 어떻게 하면 이 능력을 새로운 방법으로 사용할 수 있을까?' 하고 생각해 봅니다. 잘 모르겠다면 아래 예시를 참고합니다.

- 남들보다 '인내력'이 뛰어나다면 평소 자신이 귀찮다고 생각하던 일을 나열한 다음 각각의 일에 끈기 있게 매달려 본다.
- 남들보다 '호기심'이 뛰어나다면 '지금까지 해 본 적 없는 일은 무엇일까?' 혹은 '매일 하는 일에 새로운 방식을 도입하면 어떨까?' 같은 질문을 던진 다음 행동에 옮긴다.

C. 지금까지 생각한 내용을 문장 형태로 종이에 써봅니다. 예를 들면 다음과 같습니다.

- 오늘은 '인내력'이라는 이능을 발휘하기 위해 그동안 미룬 문서 작성 일을 마친다.
- 오늘은 '호기심'이라는 이능을 발휘하기 위해 매일 가는 헬스장에서 새로운 운동 기구를 사용한다.

D. 종이에 쓴 항목을 그날 하루 동안 가능한 한 많이 실행합니다. A~D는 최소 일주일 이상 매일 반복합니다. 일주일 동안 같은 이능을 사용해도 괜찮고, 매일 다른 이능을 사용해도 상관없

이능의 발견

습니다.

E. **일주일 뒤, 훈련을 통해 어떤 효과를 얻었는지 생각해 봅니다.** 아래 질문에 대한 답을 종이에 적어서 보관해 두면 좋습니다.

- 이능을 의식적으로 사용하는 과정에서 나는 무엇을 느꼈나?
- 이능을 사용하는 경험을 통해 나는 무엇을 배울 수 있었나?
- 이번 훈련을 통해 내가 속한 집단(특히 심사위원)에 어떤 이득을 줄 수 있었나? 그 이득은 10점 만점으로 따졌을 때 몇 점 정도인가(주관적으로 매겨도 됩니다)?

참고로 **마지막 질문의 '이득'은 꼭 금전적일 필요는 없습니다.** 사무실의 분위기가 좋아졌다거나 다른 직원이 일을 빠르게 처리할 수 있도록 도와주었다거나 쓸데없는 회의 시간이 줄었다는 등 자신이 고른 필드에 도움이 됐다면 무엇이든 '이득'으로 볼 수 있습니다.

F. **마지막으로, A~E를 여러 번 되풀이하면서 '남들보다 나은 텐던시'를 살리는 방법을 구체적인 문장으로 정리합니다.** 다음의 예시를 참고합니다.

- 나는 남들보다 '공감 능력'과 '커뮤니케이션 능력'이 뛰어나므로 업무 과정에서 대형 거래처의 니즈를 파악해서 동료 직원들에게 정확하고 알기 쉽게 전달한다.
- 나는 남들보다 '자료 조사 능력'이 뛰어나므로 회사에서 진행 중인 개발 프로젝트에 적극적으로 참여하면서 프로젝트 멤버들에게 필요한 자료를 제공한다.
- 나는 남들보다 '절약 정신'이 뛰어나므로 러닝 크루에서 회비 관리를 맡고, 정기적으로 열리는 행사를 성공으로 이끈다.

이제 완성된 문장대로 행동하면서 예상한 성과가 나오는지 확인합니다. 동시에 틈틈이 A~E를 되풀이하면서 자신의 이능을 살릴 새로운 방법을 찾아야 합니다.

이능의 발견

나의 이능을 활용하는 방법을 찾자

A. 내가 가진 '남들보다 나은 텐던시'를 적는다.

_____

B. 어떻게 하면 A를 지금까지와 다른 방법으로 활용할 수 있을지 생각한다.

_____

C. B에서 생각한 내용을 문장으로 정리한다.

_____

D. 문장으로 정리한 내용을 행동에 옮긴다(하루가 지나기 전에 최대한 많이).

⬇

~~~~~~~~~~ A~D를 일주일 동안 되풀이한다. ~~~~~~~~~~

⬇

E. 어떤 성과를 거두었는지 돌이켜본다.

_____

F. A~E를 기반으로 자신의 이능을 활용하는 방법을 적는다(구체적인 한 문장으로).

_____

지금은 내가 나를 홍보하는 시대

냥선생 **이능을 활용하는 데 있어 '텐던시 활용 훈련' 반복은 기본 중의 기본이야.** 처음에는 어색해도 몇 번 하다 보면 필드에서 어떻게 대처해야 할지 알 수 있을걸세.

제자 능력을 새로운 방법으로 사용할 생각은 처음 해 봤어요!

냥선생 **'텐던시 활용 훈련'은 하면 할수록 더 정교해지니까 따로 시간을 내서 일과로 삼는 것도 좋아.**

제자 매일 해 볼게요!

냥선생 자, 지금까지 살펴본 연습 활동을 통해 자신의 이능을 제대로 활용하는 법을 익힐 수 있었어. 지금부터는 이능 배틀에서 이기기 위한 결정적인 한 방, **'자기 어필'**에 대해 이야기해 보자.

제자 자신의 성과를 주변에 알리자는 거죠? 요즘 시대에 자기 어필이 중요하다는 건 알겠는데요, **자기 자랑처럼 보이면 오히려 역효과가 날 것 같아서 걱정이에요.**

냥선생 틀린 말은 아니야. 여러 연구에 따르면 자기 자랑을 일삼는 사람은 자아도취가 심하고 배려심이 부족한 사람으로 여겨지기 쉽거든. 다른 문화권에서도 나타나는 현상이니까 '자만'을 부정적으로 받아들이는 것은 어느 나라나 마찬가지라고 할 수 있지.

이능의 발견

제자 그렇다면 역시 겸손하게 행동해야…….

냥선생 **하지만 자기 자신을 어필하지 않으면 능력을 펼치기 힘든 것도 사실이야.** 논문 10만여 편을 분석한 연구에 따르면 남성 과학자는 여성 과학자와 비교했을 때 '이 연구는 유일무이하다', '전례 없는 연구다' 같은 과장된 표현을 자주 사용했어. 그리고 이렇게 자기 어필이 강한 논문이 10퍼센트 정도 더 높은 평가를 받았지.◆

제자 과학자도 자기 어필에 약하다고요?

냥선생 객관성을 중시하는 과학계도 이런데 비즈니스 세계는 더 말할 것도 없겠지. 사업가 1,500명을 대상으로 한 연구에서도 남성은 자신의 능력을 부풀려서 말하는 것에 능숙했고, 능력이 비슷한 여성보다 상사에게서 더 좋은 평가를 받는 것으로 나타났어.◆◆

◆ 만하임대학교의 연구를 참고.[2] 연구진이 임상 논문 10만 1,720편을 분석한 결과, 자기 자신의 능력을 널리 알리는 여성의 비율은 남성보다 21.4퍼센트 낮게 나타났다. 또한 작성자가 자신의 능력을 적극적으로 알리는 경우 논문의 인용 횟수는 평균 9.4퍼센트 증가했으며, 영향력 지수Impact Factor가 높은 저널은 같은 수치가 130퍼센트나 증가했다.

◆◆ 하버드 경영대학원 연구진은 사업가 1,500명을 대상으로 분석 능력과 자기 어필 능력을 측정했다. 그 결과 남성은 여성과 비교했을 때 자신의 성과를 33퍼센트 높게 평가했다. 이처럼 자기 어필 능력이 뛰어난 사람은 고용주에게 좋은 인상을 주고, 연봉의 상승 폭이 큰 것으로 나타났다.[3]

제자　　데이터를 보니까 확실히 알겠네요.

냥선생　그렇지. **자기가 무슨 일을 했는지 자기 입으로 말하고 다니지 않으면 주위 사람들은 자네의 가치를 알아봐 주지 않는다네. 그런데도 '올바른 일을 하다 보면 언젠가는 인정받을 것'이라고 생각하는 사람이 적지 않지.**

제자　　……제 이야기인 줄 알았어요.

냥선생　항상 당당하고 자신감에 찬 사람은 비호감으로 여겨지기도 하지만 유능하다는 인상을 주기도 쉬워.♦ 주위의 눈치만 보면서 자기 어필을 자제하다 보면 요란한 빈 수레 같은 사람들에게 자리를 빼앗길지도 모른다네.

제자　　상상만 해도 별로네요.

냥선생　그런 사태를 막기 위해서라도 단순한 자랑처럼 보이지 않으면서 자기 자신을 어필하는 방법을 배워야 해.

♦　　2013년 《하버드 비즈니스 리뷰》에는 '우리 주변에 무능한 리더가 많은 이유'를 주제로 한 논설이 실렸다. 저자는 과거에 이루어진 관찰 연구 등을 검토한 다음 "남성 리더는 타고난 자신감 덕분에 사회적으로 높은 자리에 오르기 쉽지만, 방만함과 무능함으로 인해 집단을 무너뜨리는 사례가 많다"라고 지적했다.[4]

연습 활동 IV 자기 어필 플래닝
이왕 자랑하는 거 제대로 하자

'자기 어필 플래닝'은 웨스턴대학교 아이비 경영대학원에서 개발됐습니다. 회사에서의 커뮤니케이션 능력을 높이기 위해 고안된활동으로 직원들의 협상 능력 향상, 발표 능력 개선, 정보 전달의효율화 등에 효과적인 것으로 나타났습니다.[5]

다음의 순서대로 213쪽 워크시트를 채워봅니다.

A. 어필 내용 플래닝

우선 자신이 어필하고 싶은 것을 깊이 파고듭니다. 아래 질문에 답하다 보면 무엇을 어필해야 할지 보일 것입니다.

◉ 내가 가진 이능을 활용해 성공을 거둔 사례는 무엇인가?

◉ 내가 사람들에게 알리고 싶은 공헌, 업적, 성과는 무엇인가?

◉ 앞에서 꼽은 공헌, 업적, 성과를 알리고 싶은 이유는 무엇인가?

◉ 이번 자기 어필을 통해 나는 어떤 이능을 알리고 싶은가?

어필하고 싶은 내용이 떠올랐다면 워크시트에 적습니다.

자랑이 익숙하지 않거나 자존감이 낮은 사람은 이 단계에서헤매기 쉽습니다. '이거다' 하는 자랑거리가 떠오르지 않을 때는 정기적으로 '나의 성공 사례 모음집'을 만드는 방법도 있습니다. 아래는 그 예시입니다.

1. 일주일에 한 번 10분 정도 '이번 주에 잘한 일'을 생각해 본다.
2. 떠오른 답을 간단한 문장으로 정리하고 종이에 써서 남긴다(시간제 근무자 12명을 관리 감독했다, 경영진과 의논해서 신입사원 연수 프로그램을 바꿨다 등).

아무리 작은 성과라도 좋습니다. 그 주에 이룬 것을 하나씩 쌓아두면 나만의 '성공 사례 모음집'이 만들어집니다. 그중에서 남들에게 가장 보여주고 싶은 것을 고르면 됩니다.

B. 심사위원 플래닝

이어서 능력을 선보일 대상인 '심사위원'의 특징을 더 자세히 파고들어 봅니다. 163쪽 '필드 분석'에 쓴 심사위원을 떠올리면서 아래 질문에 답합니다.

- 심사위원에 관해 나는 무엇을 알고 있을까? 내가 가진 사전 지식은 어느 정도인가?
- 심사위원은 나의 공헌, 업적, 성과를 얼마나 알고 있을까? 만약 심사위원이 나에 대해 전혀 모른다면 어떻게 해야 나의 공헌, 업적,

이능의 발견

성과를 알릴 수 있을까?

Q1
Q2
Q3

◎ 심사위원이 가장 관심 가질 만한 정보와 행동은 무엇일까?

◎ 심사위원 가운데 주류 집단과 대치하는 다른 집단이 포함되어 있지는 않나? (부서가 두 파벌로 나뉘어 있다거나) 만약 다른 집단이 존재한다면 그 집단은 어떤 평가 기준을 갖고 있을까?

위 질문에 대한 답을 정리해서 워크시트에 적습니다.

C. 홍보 플래닝

이번에는 심사위원에게 자신의 성과를 어떻게 알릴지 고민합니다. 아래 질문에 답하다 보면 윤곽이 보일 것입니다.

A1
A2
A3

◎ 자기 어필의 목적을 달성하려면 어떤 방식으로 알리는 것이 좋을까? 자신의 공헌, 업적, 성과를 곧바로 보여줘야 할까? 아니면 빙 돌려서 말해야 할까? 실패담을 적절히 섞는 것은 어떨까?

◎ 앞에서 고른 방식으로 성과를 알렸을 때 심사위원은 어떤 느낌을 받을까? 어떤 반응을 보일까?

떠오른 답을 간결하게 정리해서 워크시트에 적습니다. 어떻게 알려야 할지 잘 모르겠다면 아래 두 가지 포인트를 고려합니다.

성공담 사이사이에 실패담을 섞는다

심사위원에게 성공담을 말할 때는 자신을 내세우는 내용 사이사이에 부정적인 요소를 섞는 것이 좋습니다.

'이 프로젝트가 성공하기까지는 많은 시행착오가 있었습니다. 처음에는 프로젝트의 청사진을 제대로 제시하지 못해 클라이언트와 서로 다른 말만 주고받았습니다.'

이렇게 자신이 이룬 성과 사이사이에 실패 경험이나 약점을 집어넣습니다. 성공담뿐만 아니라 성공으로 향하는 과정에 있었던 어려움과 시행착오를 함께 이야기하면 잘난 체하는 인상은 줄어들고, 친밀도와 신뢰도가 높아진다고 합니다.◆ 어두운 곳에서는 작은 빛도 눈에 잘 띄는 것처럼, 긍정적인 정보에 부정적인 정보를 흩뿌려 두면 공적이 더 돋보일 것입니다.

다만 이 방법을 사용할 때는 긍정적인 정보와 부정적인 정보의 비율이 반반이어야 합니다. 부정적인 정보가 너무 많아도 듣는 사람이 걱정할 수 있으니까요.

◆ 하버드 경영대학원 연구진은 사람들에게 성공한 사업가의 연설을 들려주고 그 연설에서 어떤 느낌을 받았는지 물어보았다. 그 결과 사람들은 대부분의 연설에서 질투심을 느꼈지만, 유일하게 자신의 실패담을 이야기한 사업가에 대해서는 호감을 보였다.[6]

이능의 발견

조언을 구하는 척한다

자신보다 지위가 높기 마련인 심사위원에게 조언을 구하는 것
도 좋은 방법입니다.

상사나 직장 선배 등 나보다 지위가 높은 사람에게 "최근 반년
동안 이러이러한 성과를 냈는데 이와 관련해서 제가 어떤 일을
더 할 수 있을까요?" 하고 말해 봅니다. 잘난 체하는 인상을 주지
않으면서도 자신이 한 일을 자연스럽게 알릴 수 있습니다.

이때 204쪽에서 만든 '성공 사례 모음집'을 보여주면서 "제가
한 일에 관해 조언을 얻고 싶은데요……" 하고 운을 떼는 것도
효과적입니다. 조언을 구하는 것처럼 행동하면서 자신의 성과를
심사위원의 머릿속에 슬쩍 집어넣어 봅시다.

D. 미디어 플래닝

마지막으로 자기 자신을 알릴 수 있는 창구로는 무엇이 있을
지 생각합니다. 자신의 성과를 효과적으로 알리려면 어떤 수단이
나 매체를 활용해야 하는지 아래 질문을 통해 찾아봅니다.

◉ 심사위원에게 나를 어필하려면 어떤 수단을 활용해야 할까? 직접
  만나서 이야기해야 할까? SNS를 활용하면 어떨까? 문서 형태로
  정리할까? 정리한 내용을 업계 전문지나 블로그에 기고하면 어떨
  까? 세미나나 강연회를 여는 것은 어떨까?

◉ 심사위원은 어떤 매체를 선호할까? 이번 자기 어필은 꼭 기록으로 남겨야 하는가?

◉ 그 매체를 활용하려면 시간을 얼마나 투자해야 하는가? 금전적으로 지출이 필요한가?

이러한 질문에 대한 답을 간단한 문장으로 정리해서 213쪽 워크시트에 적습니다.

참고로 여기서 말하는 '매체'에는 SNS나 블로그 같은 홍보 도구뿐만 아니라 '사람'도 포함됩니다. 나를 홍보해 줄 사람을 찾고 그 사람의 입을 통해 자신의 기여나 성과를 알리는 것은 매우 효과적인 자기 어필 방법입니다.

스탠퍼드대학교 연구진은 125명을 대상으로 한 실험에서 두 가지 패턴의 '자랑'을 평가하게 했습니다.✦

1. 자기 입으로 "나랑 같이 일한 적 있는 사람이라면 누구나 내 리더십을 인정할 것"이라고 자랑한다.

2. 제삼자가 "그 사람이랑 같이 일한 적 있는 사람이라면 누구나 그 사

✦ 스탠퍼드 경영대학원의 제프리 페퍼Jeffrey Pfeffer가 진행한 조사. 연구진은 참가자에게 채용 후보자의 연봉을 결정하는 일을 맡기고 두 가지 패턴으로 준비된 면접용 대본을 통해 '자랑'의 인상이 어떻게 다른지 확인했다.[7]

람의 리더십을 인정할 것"이라고 자랑한다.

결과는 두 번째 패턴의 압승이었습니다. 같은 내용이라도 제
삼자가 자랑하면 본인이 자랑할 때보다 좋은 인상을 주고 유능
해 보이는 경향이 있었습니다. 돌이켜 보면 이해관계에서 한 발
짝 떨어진 사람이 하는 말이 더 그럴듯하게 느껴진 경험은 누구
에게나 있을 것입니다.

제삼자를 통한 자랑은 다른 여러 연구에서도 그 효과가 입증
됐습니다.♦ 말하자면 자기 자신을 알리고 싶은 사람이라면 꼭 알
아야 할 '기술'인 셈입니다. 평소 내 편이 되어줄 것 같은 직장 동
료나 상사, 클라이언트, 취미 친구 등을 눈여겨보다가 "내가 한
일을 대신 전해 주지 않을래?" 하고 부탁해 보면 좋겠지요.

이런 말을 꺼내기가 부끄러운 사람도 많겠지만, 코넬대학교의
조사에 따르면 사람들은 우리의 기대보다 50퍼센트나 높은 확률
로 상대방의 부탁을 들어준다고 합니다.♦♦ <u>잠깐의 부끄러움은 내</u>

♦　켈로그 경영대학원 연구진은 과거에 이루어진 부동산 거래들을 시뮬레이
션해서 판매자가 중개인을 이용하면 부동산이 더 높은 가격에 팔린다는 사실을 입증
했다.[8]

♦♦　코넬대학교 연구진은 실험 참가자들에게 1만 4,000명 넘는 사람을 대상
으로 다양한 부탁을 하도록 지시했다. 그 결과 참가자들은 다른 사람이 자신의 부탁
을 들어줄 가능성을 일관되게 48퍼센트 정도 과소평가하는 것으로 나타났다.[9]

려놓고 다른 사람에게 자기 어필을 도와달라고 부탁해 봅시다.

도와줄 만한 사람이 없을 때는 생각을 바꿔서 '다른 사람을 칭찬'하는 것에 집중합니다.

- 직장 동료가 프로젝트 관련 자료를 열심히 모으고 있다는 사실을 상사에게 알린다.
- 취미 친구가 눈에 띄지 않는 곳에서 동호회 관련 잡무를 처리하고 있다는 사실을 다른 회원들에게 알린다.
- 능력이 뛰어난 사람을 찾아내서 그들이 일하는 방식을 칭찬한다.

이런 식으로 내가 먼저 주위 사람들을 칭찬하는 것입니다. 어지간한 나르시시스트나 사이코패스가 아닌 이상 칭찬에 대한 답례로 여러분의 좋은 점을 찾아내 줄 것입니다.✦ 자기 어필의 씨앗을 뿌린다는 느낌으로 다른 사람의 장점이나 성과를 적극적으로 칭찬합시다.

✦ 사회심리학에서 '호혜의 법칙'이라고 부르는 현상이다. 브리검영대학교에서 진행한 실험이 가장 유명한데, 연구진은 무작위로 고른 600여 명에게 크리스마스 카드를 보냈다. 모르는 사람에게서 온 크리스마스 카드 따위 받자마자 버릴 것이라는 예상과 달리 절반에 가까운 사람이 답장을 보냈다.[10]

능력을 남발해도, 아껴도 문제다

냥선생 이능을 활용하는 방법과 자신의 성과를 어필하는 방법
도 배웠겠다, 도움이 될 만한 보조 활동을 하나 알려주
지. **이능을 활용하다 보면 능력을 마구 남발하거나 지나
치게 아끼거나 둘 사이에서 균형을 잡기가 쉽지 않거든.**

제자 그게 무슨 말이죠?

냥선생 남발은 금방 이해할 거야. '자신감'을 남발하면 '방만'
이 되지. '협조성'을 남발하면 '수동성'으로 바뀌고, '결
단력'은 '강압'으로, '유연한 사고'는 '팔랑귀'로 바뀌
어. **조금만 더 사용했을 뿐인데 모처럼 찾은 능력이 약
점으로 바뀔 수 있다는 거야.**

제자 알 것 같아요. 장점과 단점은 동전의 양면이라고도 하

잖아요. 저희 부장님도 기분 좋은 날에는 자신감 넘치
고 믿음직스러운 분이지만, 일이 뜻대로 진행되지 않
을 때는 초조해하면서 일을 어마어마하게 시키거든요.

냥선생 **반대로 능력을 아예 쓰지 않는 것도 문제야.** 늘 호기심
넘치는 사람이 사내 인간관계에만 무관심하거나, 항상
신중한 태도를 유지하는 사람이 부하 직원을 가르칠
때만은 건성이거나. 이렇게 특정 상황에서 자신의 능
력을 발휘하지 못하는 사례는 의외로 흔해.

나를 제대로 알리자

A. 어필 내용 플래닝

프로젝트 진행에 앞서 사내 리소스를 원점부터 재검토하고 독자적인 스케줄 관리

툴을 만들면서 내가 가진 '계획성'이라는 이능을 활용할 수 있었다. 그 결과 클라이

언트의 만족도가 높아졌으며 계약 유지율이 이전보다 10퍼센트 향상됐다.

B. 심사위원 플래닝

심사위원은 직속 상사인 차장님과 부서를 이끄는 부장님. 두 사람 모두 계약 유지

율이 향상됐다는 사실은 알고 있지만, 내가 스케줄 관리 툴을 만들었다는 사실은

모른다. 이 사실을 알리면 내가 가진 '계획성'도 보여줄 수 있을 것이다.

C. 홍보 플래닝

심사위원인 차장님과 부장님에게 내가 만든 스케줄 관리 툴을 보여주면서 프로젝

트를 신속하게 진행하는 비결을 물어보면 어떨까.

D. 미디어 플래닝

직접 이야기해도 충분해 보이지만, A 선배가 내가 만든 스케줄 관리 툴을 칭찬한

적이 있으므로 A 선배의 입을 빌려서 전하면 더 큰 효과를 얻을 수 있을 것이다.

연습 활동 IV 자기 어필 플래닝
나를 제대로 알리자

A. 어필 내용 플래닝

_____

_____

_____

B. 심사위원 플래닝

_____

_____

_____

C. 홍보 플래닝

_____

_____

_____

D. 미디어 플래닝

_____

_____

_____

제자   앗, 저도 평소에는 신중하게 일하는 편이지만 이상하
게 회의 자료는 대충 만들어서 종종 혼나곤 해요.

냥선생   능력을 남발하거나 아예 사용하지 않는 것은 누구나
겪을 수 있는 문제지만, 평소에 신경 쓰지 않으면 스스
로도 눈치 채기 힘들어.♦

제자   그렇겠네요. 평소부터 자신이 능력을 어떻게 꺼내 쓰
는지 의식하는 사람은 거의 없을 테니까요.

냥선생   철학자 아리스토텔레스가 말한 것처럼 모든 미덕은 지
나치지도 않고 모자라지도 않은 중간 상태에 있지. '용
기'라는 능력은 '경솔함'과 '두려움' 사이에 있고, '배
려'는 '자기희생'과 '냉정' 사이에서만 나올 수 있지. 이
능을 제대로 활용하려면 늘 중용을 생각해야 한다는
뜻일세.

♦   긍정심리학자 라이언 M. 니믹은 인간의 능력을 주제로 한 선행 연구를 분
석한 다음 타고난 능력을 충분히 활용하려면 능력들을 적절하게 조합하고, 올바른 상
황에서 활용하고, 적당히 사용해야 한다고 지적했다. 그리고 이 모든 요소가 갖춰진
상태를 '능력의 황금비율'이라고 일컬었다.[11]

보조 활동 IV 능력의 사용도 분석
이능을 제대로 활용하기 위한 위치 조율

이번 보조 활동을 통해 자신이 지닌 '남들보다 나은 텐던시'를 적절하게 사용할 수 있습니다. 아래 순서대로 워크시트를 채워봅니다.

A. 199쪽 '텐던시 활용 훈련'을 보면서 가장 살리고 싶은 이능을 하나만 고릅니다. 골랐다면 219쪽 워크시트에 적습니다.

B. 이 이능을 '지나치게 많이 사용하면' 어떻게 될지 생각합니다. 아래 질문에 답하다 보면 구체적인 이미지가 떠오를 것입니다.

◎ 내 이능이 너무 강하면 어떤 일이 벌어질까? 다른 사람은 어떻게 생각할까?

◎ 다른 사람에게 비난을 받은 적이 있다면 그 원인은 무엇일까?

◎ 자신의 말이나 행동을 정당화하는 경향이 있는가?

생각난 답을 워크시트의 '너무 많이 사용하면' 칸에 적습니다.

C. 다음으로는 이 이능을 '아예 사용하지 않으면' 어떻게 될지

215

생각합니다.

- 내가 지닌 이능의 반대말은 무엇일까?
- 반대말의 함정에 빠지지 않으려면 어떻게 행동해야 할까?
- 나는 다른 사람의 어떠한 점을 동경하는가?

답을 워크시트의 '아예 사용하지 않으면' 칸에 적습니다.

순서대로 잘 따라왔는데도 능력을 남용하거나 아예 사용하지 않는 사례가 떠오르지 않는다면 217~218쪽 표를 참고합니다. 능력을 사용할 때 양극단에서 일어나기 쉬운 패턴을 정리해 두었으니 표를 보면서 자신에게 맞는 답을 골라봅니다.

D. 마지막으로 이능을 적절하게 사용하는 방법을 생각합니다.

- 이능을 남용하지 않고 아끼지도 않는 중간 지점은 어디쯤일까?
- 양극단의 단점을 개선하면 어떤 행동이 나올까?
- 양극단의 장점을 살리면 어떤 행동이 나올까?

생각난 답을 워크시트의 '올바른 사용법' 칸에 적습니다. 이것이 바로 여러분이 목표해야 하는 긍정적인 능력입니다. 217~218쪽에 정리된 예시를 참고로 분석하면 더 좋겠지요.

【예시】 이능의 올바른 사용법

이능	너무 많이 사용하면	아예 사용하지 않으면	올바른 사용법
창의력	기행	평범한 사고	사회적으로 용인되는 범위 내에서 독창성을 발휘한다.
호기심	호사가	무관심	위험한 상황을 피하면서 새로운 것을 탐구한다.
합리적	옹졸함, 냉소적	비합리적	마음의 여유를 잃지 않으면서 논리를 뒤쫓는다.
배움에 대한 욕심	불필요한 지식 증가	현상 유지	우선순위가 높은 것부터 배운다.
넓은 시야	세세한 부분을 놓침	옹졸함	세세한 부분을 고려하면서 넓은 마음을 가진다.
용기	무모함	두려움	위험 상황을 관리하면서 위기에 맞선다.
정직함	배려 부족	거짓말	사실대로 이야기하되 상대방을 배려한다.
끈기 있음	완고함	빠른 포기	자신이 틀렸을지도 모른다는 생각을 염두에 두고 행동한다.
정열	과장된 언동	무기력	팀워크를 의식하면서 의욕을 유지한다.
배려심	넓은 오지랖	냉정함	상대방의 사생활을 고려하면서 공감한다.
사랑	자기희생	외로움	자기 자신을 지키면서 남을 돕는다.
공감	감정 소모	독선적	다른 사람의 감정에 너무 깊이 빠져들지 말고 상대방의 입장에서 생각해 본다.

이능	너무 많이 사용하면	아예 사용하지 않으면	올바른 사용법
공정함	애매모호함	편향된 의견	자신의 의견을 명확히 정해 놓고 양쪽 모두의 의견을 듣는다.
리더십	강압적	남이 시키는 대로 함	상황을 고려하면서 앞장선다.
팀워크	의존적	분란의 원인	자신의 의견을 밝히면서 집단에 도움을 준다.
관용	친근함	몰인정	물러설 수 없는 선을 분명히 그어 놓고 용서한다.
겸손	자학적	근거 없는 자신감	자신의 능력을 객관적으로 파악하면서 한 발 물러선다.
조심성	따분함	감각에 의존	경계심 때문에 망설이지 않도록 최종 결단을 내리는 방법을 마련해 둔다.
자제심	금욕적	게으름	삶의 낙을 잃지 않도록 자기 자신을 잘 컨트롤한다.
심미안	과시욕	무의미한 지출	자존심을 버리고 사물의 가치를 꿰뚫어보는 것에 집중한다.
감사	상대방에 대한 압박	무례	상대방이 부담스럽지 않을 정도로 호의를 표시한다.
낙관적	현실 도피	부정적	현실적인 기대를 갖는다.
유머 감각	장난이 지나침	고지식함	농담하기 전에 분위기가 싸해지지 않을지 한 번 더 생각해 본다.
신념	불관용	무질서	다른 사람을 이해하면서도 자신의 중심을 지킨다.

이능의 발견

보조 활동 IV 능력의 사용도 분석

이능의 올바른 사용법을 찾아보자

【예시】이능 사용도

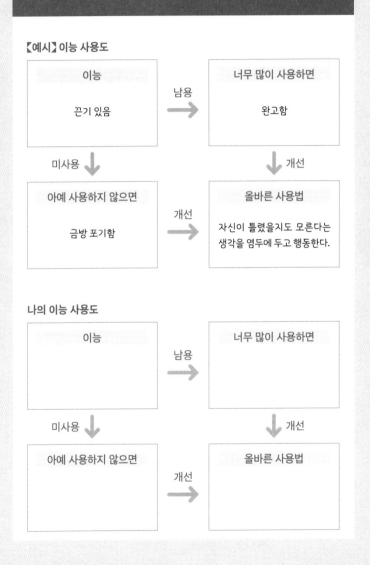

이능

끈기 있음

남용 →

너무 많이 사용하면

완고함

미사용 ↓

개선 ↓

아예 사용하지 않으면

금방 포기함

개선 →

올바른 사용법

자신이 틀렸을지도 모른다는
생각을 염두에 두고 행동한다.

나의 이능 사용도

이능

남용 →

너무 많이 사용하면

미사용 ↓

개선 ↓

아예 사용하지 않으면

개선 →

올바른 사용법

이능을 꾸준히 조율해야 살아남을 수 있다

냥선생   자, 설명은 이걸로 끝이라네. 복습하자면 이능 배틀에서 이기기 위해서는 기본적으로 아래 네 가지 연습 활동은 해야 한다는 걸세.

1단계. 전투 방식을 정한다

A. 필드 분석: 자신이 싸울 장소와 싸움의 목적을 분명히 한다.

B. 텐던시 분석: 전투의 규칙과 전투에서 사용할 수 있는 능력을 짚고 넘어간다.

2단계. 이능을 구사한다

C. 텐던시 활용 훈련: 이능을 효과적으로 활용하는 방법을 찾는다.

D. 자기 어필 플래닝: 능력을 발휘해서 이룬 성과를 심사위원에게 알린다.

연습 활동을 순서대로 되풀이하다 보면 자신이 지닌 텐던시를 알고 제대로 구사할 수 있게 되지. 다음으로는 자신이 해낸 일을 심사위원에게 잘 어필하기만 하면 자네의 이능은 '재능'이라는 이름으로 불릴걸세.

제자   뭘 해야 할지 이제야 알 것 같아요!

이능의 발견

냥선생 누차 이야기했지만 모든 활동은 한 번 했다고 끝이 아니야. 이직이나 이사로 인해 이능 배틀의 배경이 바뀌거나 회사에 우수한 신입사원이 들어와 파워 밸런스가 흔들리거나 경쟁자가 갑자기 나를 앞지르거나 하는 일이 벌어지면 텐던시를 다시 분석해야 하지. 앞에서 보여준 재능의 로드맵은 시작에 지나지 않아.

제자 **상황이 바뀔 때마다 새로 분석해야 하는구나.**

냥선생 그래. 특히 요즘처럼 빠르게 변화하는 시대에는 사람들에게서 인정받는 능력도 정기적으로 바뀌지. 그러니까 자네들도 필드에서 살아남으려면 꾸준히 자신의 위치를 분석하고 이능을 조율해야 한다네.

제자 적자생존이군요.

냥선생 맞아. 이러한 행동 양식은 생물들의 진화 과정에서도 비슷하게 나타나지.

예를 들어 인간이라는 종족은 육체만 놓고 보면 내세울 게 없어. 빠른 다리가 있는 것도 아니고 날카로운 엄니가 있는 것도 아니고, 어지간한 동물은 힘으로 이길 수 없지. 생물로서는 하잘것없는 존재라네.

제자 그렇네요. 힘으로 맞붙으면 인간은 웬만한 동물들에게 이길 수 없죠.

냥선생 **그런데도 인간이 번성할 수 있었던 이유는 자네들의 조**

상이 '지성'이라는 텐던시를 활용할 수 있도록 원시시대에서의 생존 방식을 조율했기 때문이야. 그 덕분에 인류는 연약한 육체를 극복하고, 먹고 먹히는 싸움에서 이길 수 있었지.

제자 　이능을 제대로 활용한 사례네요.

냥선생 　하지만 알고 보면 더 대단한 게 고양이속Felis이라네.

제자 　……네?

냥선생 　우리 같은 집고양이가 가진 텐던시가 뭐라고 생각하나?

제자 　으음, 날렵한 움직임이라든지 뛰어난 균형감각이라든지 뭐 그런 거 아닌가요?

냥선생 　틀렸어. **우리의 가장 큰 능력은 '귀여움'이야.**

제자 　귀여운 건 맞지만…….

냥선생 　한번은 다양한 품종의 고양이를 모아서 울음소리와 행동의 차이를 비교하는 연구가 진행됐어.✦ 그 결과 들고양이는 적이라고 인식한 모든 존재에게 그르렁거린 데 반해 집고양이는 인간에게만, 그것도 '야옹' 하고

✦　경상대학교가 들고양이와 집고양이 각각 20여 마리를 대상으로 행동 특성을 비교하고 사회화 수준을 조사한 연구.[12] 연구진은 "집고양이는 인간과 살아가면서 자신의 울음소리로 인간의 관심을 끄는 방법을 학습하고 있을 가능성이 있다"라는 결론을 내렸다.

　　　　　　　　　　　　　　　이능의 발견

귀여운 소리로 울었지.

고양이의 울음소리를 분석한 조사에서도 집고양이의 울음소리는 조상 격인 리비아고양이보다 음높이가 높고 음길이가 짧다는 사실이 밝혀졌어. 집고양이는 리비아고양이보다 더 귀여워 보이려고 자신의 울음소리를 조율해 온 거지.♦

제자 인간에게 사랑받기 위해 고양이가 울음소리를 바꾸고 있다고요?

냥선생 그래. 그 결과 오늘날 고양이는 가장 인기 있는 반려동물이 됐지. 전 세계를 통틀어 집고양이는 개보다 2억 마리나 더 많다네. **다시 말해 우리 고양이속은 자신이 가진 '귀여움'이라는 이능을 조율하면서 인간을 조종한 덕분에 이만큼 번성할 수 있었어. 이만하면 고양이야말로 먹이사슬의 정점에 섰다고 할 수 있지 않을까?**

제자 …….

♦　코넬대학교 연구진은 음향해석 외에도 들고양이와 집고양이의 울음소리가 인간에게 어떻게 다른 인상을 주는지도 조사했다. 그 결과 총체적으로 집고양이의 울음소리가 더 듣기 좋은 것으로 나타났다. 음높이가 높은 울음소리는 인간 아기의 울음소리와 비슷해서 '귀엽다'라는 인상을 주기 쉽고, 따라서 울음소리가 귀여운 고양이가 더 많은 자손을 남길 수 있었던 것으로 보인다.[13]

현대 사회는 '생각보다' 희망적이다

다양성의 시대에는
다채로운 경험과 능력이 힘을 갖는다

냥선생   '재능은 이 세상에 존재하지 않지만 누구나 갖고 있는 것이다'. 첫머리에서 내가 한 말, 기억하고 있나?

제자   기억나죠. 처음에는 누굴 바보로 아나, 하고 생각했다니까요.

냥선생   이 말의 의미를 마지막으로 한 번만 더 짚고 넘어가자. 사람들은 어떠한 환경에서 제 역할을 하는 능력을 '재능'이라고 부르고, 제 역할을 하지 못하는 능력을 '결점'이라고 부르는 것뿐이라네.

제자	자신이 가진 능력이 인정받을지 어떨지는 상황에 따라 달라진다는 이야기였죠.
냥선생	그리고 앞서 몇 번이나 살펴봤듯이 인생은 유전율만으로 예측할 수 없고, 성공을 보장하는 능력도 존재하지 않아. 자네들이 살면서 어떤 평가를 받고 어떤 자리에 오를지는 집단 내에 나타나는 상대적인 파워 밸런스로 정해지기 때문이지. 그런 의미에서 재능 같은 건 애당초 존재하지도 않았다고 볼 수 있어.
제자	그래서 집단 내에 나타나는 나만의 '텐던시'를 분석한 거잖아요.
냥선생	맞아. **하지만 이러한 사상은 관점을 조금만 달리하면 '재능은 누구에게나 있다'라는 의미로 바뀐다네.** 무슨 말인지 알겠나?
제자	음, '남들보다 나은 텐던시는 누구나 갖고 있다'는 이야기 말인가요?
냥선생	그것도 이유 중 하나지. 생산성이라는 것은 결국 비교로 결정되니까, 주위 사람들보다 모든 면에서 뒤떨어지더라도 나를 필요로 하는 자리는 있기 마련이거든. 그런데 그보다 더 중요한 사실은 이러한 사고방식이 조명되면서 현대 사회의 긍정적인 면이 드러나기 시작했다는 점이야. **흔히들 오늘날을 가리켜 '희망이 없는**

시대'라고 하지만 이능 배틀 관점에서 보면 꼭 그렇지도 않아.

제자 　하지만 몇 년째 불황인 데다가 일자리도 언제 없어질지 모르는걸요. 희망이 어디에 있다는 건지……

냥선생 　아예 틀린 말은 아니지만, '**규칙이 많은 세계일수록 이능 배틀에서 이기기 쉽다**'라는 법칙을 되짚어보고 나면 생각이 달라질걸세.

제자 　재능의 법칙 중 세 번째였죠.

냥선생 　맞아. 이 법칙은 현대 사회 같은 '다양성의 시대'에 더 큰 의미가 있어. '다양성'에 대해서는 굳이 설명할 필요 없겠지?

제자 　가치관이나 성별이나 능력 등 개개인의 차이를 인정하자, 그런 거잖아요.

냥선생 　그래. 1960년대 미국에서 시작한 사상이지만 지금은 전 세계로 퍼지다시피 했지. 그 결과 오늘날에는 다양한 형태의 삶이 인정받고 있어. 예전처럼 '대기업에 들어가서 결혼을 하고 자가를 마련하는' 인생만이 정답이었던 시절은 지나갔고 '평생직장에서 매일 9시부터 6시까지 일하는' 근무 방식도 당연하지 않게 됐지. 다시 말해 삶을 평가하는 기준이 다양해진 걸세.

제자 　비싼 차를 타고 좋은 집을 사고 단란한 가정을 꾸리는 삶이 예전만큼 부러움을 사지는 않는 것 같아요.

냥선생 **다양성의 시대에는 다채로운 경험과 능력이 가치를 가지거든.** 예전처럼 모든 직원이 9시까지 출근해서 다른 직원과 얼굴을 맞대고 소통하며 일해야 했던 시대에는 외향적인 사람이 유리할 수밖에 없었어. 타인과 교류하는 것을 좋아하는 사람이나 시간 약속을 잘 지키는 성실한 사람일수록 인정받기 쉬웠으니까.

제자 평가 기준이 많지 않았네요.

냥선생 하지만 요즘처럼 재택근무와 유연근무제가 확대되면 새로운 평가 기준이 생기지. 대면 소통의 중요성이 낮아지면 말수가 적고 낯을 가리는 사람도 자신의 능력을 발휘할 수 있고, 유연근무제가 정착하면 저녁형 인간의 업무 능률도 높아지는 것처럼.

제자 **과거에는 무시당하던 특성을 살릴 수 있군요.**

냥선생 대표적인 사례로는 나르시시스트를 들 수 있어.

제자 자기 자신을 지나칠 정도로 사랑하는 사람 말이죠?

냥선생 그래. 심리학에서 나르시시스트는 자신이 다른 사람들보다 뛰어나다고 믿고 자신의 능력에 걸맞은 보상을 당연하게 여기는 인물을 의미해.

제자 친해지기 싫은 타입인데요. 그런 성격이 도움 될 때가 있다고요?

냥선생   그럼. 여러 조사에 따르면 나르시시스트는 SNS 활동
        에 적극적이고 자기 자신을 어떻게 어필해야 하는지
        잘 알아서 수많은 추종자를 거느린다고 하거든.* 둘
        다 인플루언서나 크리에이터로 성공하려면 반드시 갖
        춰야 하는 자질이지.

제자   듣고 보니 자기애가 없으면 인터넷에서 유명해지기 힘
        들겠네요.

냥선생   예전에는 강한 자기애를 살리는 길이라고는 연예인이
        되는 것밖에 없었으니까. 이전에 비해 분위기가 많이
        달라지긴 했지.

제자   다양성이 높아질수록 구사할 수 있는 능력의 폭도 넓
        어지는구나…….

◆　　　중국인민대학교 연구진은 선행 연구 80건을 대상으로 한 메타분석을 통
해 143가지 효과 크기를 확인한 다음 나르시시즘이 강한 사람은 상태 업데이트 빈
도, 사진 업로드 양, 타인과의 상호 작용이 눈에 띄게 높고 이로 인해 인터넷상에서
인기를 얻기 쉽다는 결론을 내렸다.[1] 한편 자존감이 낮거나 외로움을 잘 타는 사람들
은 SNS의 총사용량만 많았다.

다양성이 높은 사회에는 부작용도 있다

냥선생   다양성이 왜 중요한지는 과거 연구만 봐도 알 수 있어.
       뮌헨공과대학교 연구진은 미국과 프랑스를 비롯한 여
       덟 개 선진국에서 1,700개 기업을 조사해 직원의 다양
       성과 기업 수익 사이에 어떤 관계가 있는지 살펴봤어.◆
       그랬더니 **직원들의 경험과 기술이 다양한 회사가 더 참**
       신한 제품을 만들고 더 높은 수익을 올렸지.

제자   왜인지 알 것 같아요.

냥선생   인재의 다양성이 얼마나 중요한지 알고 있는 회사는
       구글처럼 인적 자원의 배치 최적화에도 공을 들이거
       든. 서로 다른 능력을 구사하는 사람이 늘어나면 그만
       큼 새로운 아이디어가 많이 나오고 결국에는 수익에도
       긍정적인 영향을 미치지.

◆   출처는 보스턴컨설팅그룹과 뮌헨공과대학교의 공동 연구.[2] 연구진은
1,700여 개 기업을 조사한 다음 직원의 출신 국가, 다른 업종에서의 경험, 경력 경로
Career Path, 성별, 학력, 나이를 다양성의 지표로 사용했다. 해당 데이터를 각 기업이 과
거 3년간 발매한 신제품이 수익에서 차지하는 비율과 비교함으로써 수익과 혁신 성
과의 상관관계를 살펴보았다. 그 결과 직원의 다양성이 평균을 웃도는 기업은 전체
수익에서 혁신이 차지하는 비율이 평균 19퍼센트, 이익은 평균 9퍼센트 높았다. 이
와 관련해 연구진은 "직원의 다양성을 개선하면 수익에서 혁신이 차지하는 비율이
최고 12.9퍼센트까지 이를 수 있다"라고 밝혔다.

제자 일 잘하는 사람을 아무리 많이 모아도 다들 같은 능력을 지니고 있으면 비슷한 일밖에 못 하니까요.

냥선생 그런 점에서 **사회의 다양성이 높아지는 건 긍정적인 현상이야. 자네들이 가진, 지금까지는 인정받지 못하던 이 능을 살릴 수 있는 확률이 커지니까.**

제자 결론은 요즘만큼 좋은 시대는 없다는 거로군요?

냥선생 재능 관점에서 보면 그렇지. **하지만 다양성에는 부작용도 있으니까 조심해야 해.**

제자 장점만 있는 게 아닌가요?

냥선생 **규칙이 애매한 세계란 다른 말로 하면 '어떻게 해야 성공할지 알 수 없는 세계'이기도 하거든.** 현대 미술의 사례에서도 설명했듯이 아름다운 풍경화보다 어디서나 볼 수 있는 변기가 더 높은 평가를 받을지도 모르는 세계에서는 무엇이 성공할지 예상하기 어려우니까.

예전 같았으면 고향에서 가업을 물려받을 수밖에 없었던 사람도 지금은 다른 선택지가 많으니까 아예 다른 일을 하거나 다른 곳에서 살 수 있어. '평생직장'이라는 단어가 옛말이 되면서 부업을 권하는 회사도 늘고 있고, 이직도 자연스러운 현상으로 자리 잡았지. **성공으로 향하는 길이 뚜렷하지 않은 사회에서는 '나는 무엇을 해야 하는가?' 같은 질문에 대한 답을 찾기 힘들어지**

고, 길을 잃은 채 발만 동동 구르는 사람이 늘어난다네.

제자　맞아요. 예전에는 선택지가 몇 개 없었으니까 뭘 해야 할지 분명했죠. 성공한 사람의 이미지도 단순했고요.

냥선생　규칙이 애매해지면 평가 축에서 떨어져 나가는 사람은 줄어들어. 하지만 그만큼 미래도 흐릿해져서 자신이 뭘 하고 싶은지 모르겠다는 사람이나, 못 보고 지나친 가능성이 있지는 않을까 불안해하는 사람 혹은 대단한 사람이 되어야 한다는 압박감에 시달리는 사람이 늘어나지.

제자　확실히 초조해질 수밖에 없는 것 같아요. 직장 동료 중에도 퇴근하고 나면 업무와 관계없이 외국어며 통계를 공부하고, 동영상 사이트에서 경제 관련 채널을 본다는 사람이 많은데, 다들 항상 피곤해 보이더라고요. 이것도 무언가 해내야 한다는 압박감에 시달리기 때문이겠죠.

냥선생　정말 공부가 좋아서 하는 거라면 상관없지만. 규칙이 애매한 세계에서는 항상 미래가 불안하다 보니까 여러 가지 일을 건드려보면서 잠깐이나마 안도감을 얻고 싶어지거든. 하지만 그 뿌리에 있는 것은 불안을 떨쳐내고 싶다는 욕구뿐이니까 그리 오래가지는 못해.

제자　문득 이유 없이 초조해지는 게 그래서였군요.

냥선생 **평가 기준이 모호해지면 재능 문제로 고민하는 사람이 느는 것도 당연한 일이야.** 골대가 없는 축구장에서 "다 같이 공을 차다가 알아서 승패를 정하세요" 하고 지시받는 거나 마찬가지니까.

제자 묘한 그림이네요…….

냥선생 간단히 정리하자면, 규칙이 늘어난 사회에는 장단점이 있어.

장점: 이능을 활용할 수 있는 기회가 많아진다.

단점: 선택지가 너무 많아서 앞날을 예측할 수 없다.

제자 단점만 보면 절망 그 자체인데, 장점을 주목하면 그래도 희망은 있어보이네요.

냥선생 맞아. 오늘날은 한 치 앞도 예측할 수 없는 시대이기는 하지만, 그 사실에 마냥 갇혀 있으면 좋은 점을 놓칠 수 있어. 단점만 보고 절망의 늪에 빠지기보다는 규칙이 애매해진 세계의 장점을 살리는 쪽이 낫지 않을까.

제자 아하, 그래서 오늘날에는 '누구나 재능이 있다'라고 생각할 수 있는 거로군요.

냥선생 **'누구나 재능이 있다'라고 말하면 입에 발린 소리처럼 들리겠지. 하지만 듣기 싫은 말이 늘 진실인 건 아니거**

든. 말하자면 이건 '과학적으로 입에 발린 소리'인 셈이지.

제자 희망이 보이기 시작했어요!

들어가기 전에_인생은 '이능 배틀'이다

1 Cameron Anderson, Michael W Kraus, Adam D Galinsky, Dacher Keltner. "The local-ladder effect: social status and subjective well-being." *Psychological Science*. 2012 Jul 1;23(7):764-71. doi: 10.1177/0956797611434537.

2 Jithin Sam Varghese, Rachel Waford Hall, Linda S Adair, Shivani A Patel, Reynaldo Martorell, Delia E Belleza, Maria F Kroker-Lobos, Nanette R Lee, Lukhanyo H Nyati, Manuel Ramirez-Zea, Linda M Richter, Aryeh D Stein. "Subjective social status is associated with happiness but not weight status or psychological distress: An analysis of three prospective birth cohorts from low- and middle-income countries." *Wellbeing, Space and Society*. 2022;3:None. doi: 10.1016/j.wss.2022.100115.

3 D A Redelmeier, S M Singh. "Survival in Academy Award-winning actors and actresses." *Annals of Internal Medicine*. 2001 May 15;134(10):955-62. doi: 10.7326/0003-4819-134-10-200105150-00009.

4 佐々木 周作, 明坂 弥香, 黒川 博文, 大竹 文雄. "芥川賞・直木賞受賞が余命に与える影響：プログレス・レポート." *行動経済学*. 2015年 8巻 p.100-105. doi: 10.11167/jbef.8.100.

문제편 1

1   Mariya A. Yukhymenko-Lescroart, Gitima Sharma. "Passion for Work and Well-Being of Working Adults." *Journal of Career Development.* 2020 Aug 4;49(3):505-518. doi: 10.1177/0894845320946398.

2   Jachimowicz, Jon Michael. *The Dynamic Nature of Passion: Understanding the Pursuit, Experience, and Perception of Passion.* Columbia University, 2019 Apr 12. doi: 10.7916/d8-df1p-ev15.

3   Fred Nour, Loren Rolak. *True Love: How to Use Science to Understand Love.* Niguel Publishing, Inc. 2017 Feb 2.

4   Robert J Vallerand, Celine Blanchard, Genevieve A Mageau, Richard Koestner, Catherine Ratelle, Maude Leonard, Marylene Gagne, Josee Marsolais. "Les passions de l'ame: on obsessive and harmonious passion." *Journal of Personality and Social Psychology.* 2003 Oct;85(4):756-767. doi: 10.1037/0022-3514.85.4.756.

5   Jon M. Jachimowicz, Christopher To, Shira Agasi, Stéphane Côté, Adam D. Galinsky. "The gravitational pull of expressing passion: When and how expressing passion elicits status conferral and support from others." *Organizational Behavior and Human Decision Processes.* 2019 Jul;153:41-62. doi: 10.1016/j.obhdp.2019.06.002.

6   Megan L Knowles, Gale M Lucas, Roy F Baumeister, Wendi L Gardner. "Choking under social pressure: social monitoring among the lonely." *Personality and Social Psychology Bulletin.* 2015 Jun;41(6):805-821. doi: 10.1177/0146167215580775.

7   Pavel Freidlin, Hadassah Littman-Ovadia., Ryan M. Niemiec. "Positive psychopathology: Social anxiety via character strengths underuse and overuse." *Personality and Individual Differences.* 2017 Apr 1;108:50-54. doi: 10.1016/j.paid.2016.12.003.

8   Delia Virga, Andrei Rusu, Zselyke Pap, Laurenţiu Maricuţoiu, Luca

Tisu. "Effectiveness of strengths use interventions in organizations: A pre-registered meta-analysis of controlled trials." *Applied Psychology.* 2022 Nov 21;72(4):1653-1693. doi: 10.1111/apps.12451.

9 Tomas Chamorro-Premuzic. "Strengths-Based Coaching Can Actually Weaken You." *Harvard Business Review.* 2016 Jan 4. accessed 2023 Dec 28. https://hbr.org/2016/01/strengths-based-coaching-can-actu-ally-weaken-you.

10 Doris B. Collins, Elwood F. Holton III. "The effectiveness of managerial leadership development programs: A meta-analysis of studies from 1982 to 2001." *Human Resource Development Quarterly.* 2004 Jun 1;15(2):217-248. doi: 10.1002/hrdq.1099.

11 Bruce J. Avolio, Fred O. Walumbwa, Todd J. Weber. "Leadership: Current Theories, Research, and Future Directions." *Annual Review of Psychology.* 2009 Jan 1;60:421-449. doi: 10.1146/annurev. psych.60.110707.163621.

12 Juliana Schroeder, Ayelet Fishbach. "How to motivate yourself and others? Intended and unintended consequences." *Research in Organizational Behavior.* 2015;35:123-141.

13 Nathan T. Carter, Joshua D. Miller, and Thomas A. Widiger. "Extreme Personalities at Work and in Life." *Current Directions in Psychological Science.* 2018 Oct 26;27(6):429-436. doi: 10.1177/0963721418793134.

14 Anton Gollwitzer and John A. Bargh. "Social Psychological Skill and Its Correlates." *Social Psychology.* 2018 Mar 16;49(2):p.88–102. doi: 10.1027/1864-9335/a000332.

15 Samuel J Leistedt, Paul Linkowski. "Psychopathy and the cinema: fact or fiction?" *Journal of Forensic Sciences.* 2014 Jan;59(1):167-174. doi: 10.1111/1556-4029.12359.

16 Kevin Dutton. *The Wisdom of Psychopaths: What Saints, Spies, and*

이능의 발견

Serial Killers Can Teach Us About Success. Scientific American/Farrar, Straus and Giroux. 2013 Sep 3. ISBN-13: 978-0374533984.

17 Mathilde Almlund, Angela Lee Duckworth, James Heckman, Tim Kautz. "Chapter 1 - Personality Psychology and Economics." *Handbook of the Economics of Education*. 2011;4:1-181. doi: 10.1016/B978-0-444-53444-6.00001-8.

18 Jaap J. A. Denissen, Wiebke Bleidorn, Marie Hennecke, Maike Luhmann, Ulrich Orth, Jule Specht, Julia Zimmermann. "Uncovering the Power of Personality to Shape Income." *Psychological Science*. 2017 Nov 20;29(1):3-13. doi: 10.1177/0956797617724.

19 Igor Grossmann, Jinkyung Na, Michael E.W. Varnum, Shinobu Kitayama, Richard E. Nisbett. "A Route to Well-being: Intelligence vs. Wise Reasoning." *Journal of Experimental Psychology: General*. 2013 Aug;142(3):944–953. doi: 10.1037/a0029560.

20 Thomas L Friedman. "How to Get a Job at Google." *The New York Times*. 2014 Feb 22. https://www.nytimes.com/2014/02/23/opinion/sunday/friedman-how-to-get-a-job-at-google.html.

21 Ruth I. Karpinski, Audrey M. Kinase Kolb, Nicole A. Tetreault, Thomas B. Borowski. "High intelligence: A risk factor for psychological and physiological overexcitabilities." *Intelligence*. 2018 Jan–Feb;66:8-23. doi: 10.1016/j.intell.2017.09.001.

22 Emiliano Albanese, Karen A. Matthews, Julia Zhang, David R. Jacobs, Jr, Rachel A. Whitmer, Virginia G. Wadley, Kristine Yaffe, Stephen Sidney, and Lenore J. Launer. "Hostile attitudes and effortful coping in young adulthood predict cognition 25 years later." *Neurology*. 2016 Mar 29;86(13):1227–1234. doi: 10.1212/WNL.0000000000002517.

23 ウォーレン・ベニス. リーダーになる. 海と月社. ISBN-13:978-4903212081.

24 Adam M Grant. "Rocking the boat but keeping it steady: The role of

emotion regulation in employee voice." *Academy of Management Journal.* 2013;56(6):1703–1723. doi: 10.5465/amj.2011.0035.

25 Dana L Joseph, Daniel A Newman. "Emotional intelligence: an integrative meta-analysis and cascading model." *Journal of Applied Psychology.* 2010 Jan;95(1):54-78. doi: 10.1037/a0017286.

문제편 2

1 Terman, L.M. *Genetic studies of genius. Mental and physical traits of a thousand gifted children.* Stanford University Press. 1925.

2 Jay L. Zagorsky. "Do you have to be smart to be rich? The impact of IQ on wealth, income and financial distress." *Intelligence.* 2007 Sep–Oct;35(5):489-501. doi: 10.1016/j.intell.2007.02.003.

3 Renée Adams, Matti Keloharju, Samuli Knüpfer. "Are CEOs born leaders? Lessons from traits of a million individuals." *Journal of Financial Economics.* 2018 Nov;130(2):392-408. 10.1016/j.jfineco.2018.07.006.

4 Sophie von Stumm, Emily Smith-Woolley, Ziada Ayorech, Andrew McMillan, Kaili Rimfeld, Philip S. Dale, Robert Plomin. "Predicting educational achievement from genomic measures and socioeconomic status." *Developmental Science.* 2020 May;23(3):e12925. Published online 2019 Dec 18. doi: 10.1111/desc.12925.

5 Yamagata Shinji, Nakamuro Makiko, Inui Tomohiko. "Inequality of Opportunity in Japan: A behavioral genetic approach." *RIETI Discussion Paper Series.* 2013:1-18.

6 Judge, T. A., & Bono, J. E. "Relationship of core self-evaluations traits—self-esteem, generalized self-efficacy, locus of control, and emotional stability—with job satisfaction and job performance: A meta-analysis."

Journal of Applied Psychology. 2001;86(1):80–92. doi: 10.1037/0021-9010.86.1.80.

7   Donelson R. Forsyth, Natalie K. Lawrence, Jeni L. Burnette. "Attempting to Improve the Academic Performance of Struggling College Students by Bolstering Their Self-Esteem: An Intervention that Backfired." *Journal of Social and Clinical Psychology.* 2007 Apr;26(4):447-459. doi: 10.1521/jscp.2007.26.4.447.

8   C R Colvin, J Block, D C Funder. "Overly positive self-evaluations and personality: negative implications for mental health." *Journal of Personality and Social Psychology.* 1995 Jun;68(6):1152-1162. doi: 10.1037//0022-3514.68.6.1152.

9   E Diener, Brian Wolsic, Frank Fujita. "Physical attractiveness and subjective well-being." *Journal of Personality and Social Psychology.* 1995;69(1):120–129. doi: 10.1037/0022-3514.69.1.120.

10   Heather Barry Kappes, Gabriele Oettingen, Doris Mayer. "Positive fantasies predict low academic achievement in disadvantaged students." *European Journal of Social Psychology.* 2011 Aug 10;42(1):53-64. doi: 10.1002/ejsp.838.

11   Gabriele Oettingen, Doris Mayer, Sam Portnow. "Pleasure Now, Pain Later: Positive Fantasies About the Future Predict Symptoms of Depression." *Psychological Science.* 2016 Mar;27(3):345-353. doi: 10.1177/0956797615620783.

12   Norem, J K. "Defensive pessimism as a positive self-critical tool. In E. C. Chang (Ed.), Self-criticism and self-enhancement: Theory, research, and clinical implications." *American Psychological Association.* 2008:89–104. doi:10.1037/11624-006.

13   サラス・サラスバシー. エフェクチュエーション. 碩学舎. 2015 Sep 30. ISBN-13: 978-4502151910.

14 Eric S Kim, Kaitlin A Hagan, Francine Grodstein, Dawn L DeMeo, Immaculata De Vivo, Laura D Kubzansky. "Optimism and Cause-Specific Mortality: A Prospective Cohort Study." *American Journal of Epidemiology*. 2017 Jan 1;185(1):21-29. doi: 10.1093/aje/kww182.

15 Chen Zisman, Yoav Ganzach. "In a Representative Sample Grit Has a Negligible Effect on Educational and Economic Success Compared to Intelligence." *Social Psychological and Personality Science*. 2020 Jul 14;12(3):296-303. doi: 10.1177/1948550620920531.

16 Marcus Credé, Michael C Tynan, Peter D Harms. "Much ado about grit: A meta-analytic synthesis of the grit literature." *Journal of Personality and Social Psychology*. 2017 Sep;113(3):492-511. doi: 10.1037/pspp0000102.

17 Xiang-Ling Hou, Nicolas Becker, Tian-Qiang Hu, Marco Koch, Ju-Zhe Xi, René Mõttus. "Do Grittier People Have Greater Subjective Well-Being? A Meta-Analysis." *Personality and Social Psychology Bulletin*. 2022 Dec;48(12):1701-1716. doi: 10.1177/01461672211053453.

18 Angela L. Duckworth, David Scott Yeager. "Measurement Matters: Assessing Personal Qualities Other Than Cognitive Ability for Educational Purposes." *Educational Research Review*. 2015 May;44(4):237–251. doi: 10.3102/0013189X15584327.

19 Erik G. Helzer, Eranda Jayawickreme. "Control and the "Good Life": Primary and Secondary Control as Distinct Indicators of Well-Being." *Social Psychological and Personality Science*. 2015 Mar 10;6(6):653-660. doi: 10.1177/1948550615576210.

20 Gary G Bennett, Marcellus M Merritt, John J Sollers III, Christopher L Edwards, Keith E Whitfield, Dwayne T Brandon, Reginald D. Tucker. "Stress, coping, and health outcomes among African-Americans: A review of the John Henryism hypothesis." *Psychology & Health*. 2004;19(3):369–383. doi: 10.1080/0887044042000193505.

21 K Anders Ericsson, Ralf T Krampe, Clemens Tesch-Romer. "The role of deliberate practice in the acquisition of expert performance." *Psychological Review*. 1993;100(3):p.363–406. doi: 10.1037/0033-295X.100.3.363.

22 David Z Hambrick, Erik M Altmann, Frederick L Oswald, Elizabeth J Meinz, Fernand Gobet, Guillermo Campitelli. "Accounting for expert performance: The devil is in the details." *Intelligence*. 2014 Jul–Aug;45:112-114. doi: 10.1016/j.intell.2014.01.007.

23 Brooke N Macnamara, Megha Maitra. "The role of deliberate practice in expert performance: revisiting Ericsson, Krampe & Tesch-Römer(1993)." *Royal Society Open Science*. 2019 Aug 21;6(8). doi: 10.1098/rsos.190327.

24 Victoria F Sisk, Alexander P Burgoyne, Jingze Sun, Jennifer L Butler, Brooke N Macnamara. "To What Extent and Under Which Circumstances Are Growth Mind-Sets Important to Academic Achievement? Two Meta-Analyses." *Psychological Science*. 2018 Apr;29(4):549-571. doi: 10.1177/0956797617739704.

25 Brooke N Macnamara, Alexander P Burgoyne. "Do growth mindset interventions impact students' academic achievement? A systematic review and meta-analysis with recommendations for best practices." *Psychological Bulletin*. 2022 Nov 3. doi: 10.1037/bul0000352.

26 Jeni L Burnette, Joseph Billingsley, George C Banks, Laura E Knouse, Crystal L Hoyt, Jeffrey M Pollack, Stefanie Simon. "A systematic review and meta-analysis of growth mindset interventions: For whom, how, and why might such interventions work?" *Psychological Bulletin*. 2023 Mar-Apr;149(3-4):174-205. doi: 10.1037/bul0000368.

1   副島 羊吉郎. "学業成績における遺伝の影響." *心理学研究*. 1972;43(2):68-75. doi: 10.4992/jjpsy.43.68.

2   John C Loehlin, Robert C Nichols. *Heredity, Environment, and Personality*. University of Texas Press. 1976. doi: 10.7560/730038.

3   Patrick F Sullivan, Kenneth S Kendler, Michael C Neale. "Schizophrenia as a complex trait: evidence from a meta-analysis of twin studies." *Archives Of General Psychiatry*. 2003 Dec;60(12):1187-1192. doi: 10.1001/archpsyc.60.12.1187.

4   C M Wright, T D Cheetham. "The strengths and limitations of parental heights as a predictor of attained height." *Archives of Disease in Childhood*. 1999 Sep;81(3):257-260. doi: 10.1136/adc.81.3.257.

5   Thomas J Bouchard Jr, Matt McGue. "Genetic and environmental influences on human psychological differences." *Journal of Neurobiology*. 2003 Jan;54(1):4-45. doi: 10.1002/neu.10160.

6   Thomas J Bouchard. "The Wilson Effect: the increase in heritability of IQ with age." *Twin Research and Human Genetics*. 2013 Oct;16(5):923-930. doi: 10.1017/thg.2013.54.

7   Elise Whitley, Catharine R Gale, Ian J Deary, Mika Kivimaki, G David Batty. "Association of maternal and paternal IQ with offspring conduct, emotional, and attention problem scores. Transgenerational evidence from the 1958 British Birth Cohort Study." *Archives Of General Psychiatry*. 2011 Oct;68(10):1032-1038. doi: 10.1001/archgenpsychiatry.2011.111.

8   Eric Turkheimer, Andreana Haley, Mary Waldron, Brian D'Onofrio, Irving I Gottesman. "Socioeconomic status modifies heritability of IQ in young children." *Psychological Science*. 2003 Nov;14(6):623-628. doi: 10.1046/j.0956-7976.2003.psci_1475.x.

9   Peter Arcidiacono, Josh Kinsler, Tyler Ransom. "Legacy and Athlete

Preferences at Harvard." *Journal of Labor Economics.* 2022;40(1):133-156. doi: 10.3386/w26316.

10 Felix R Day, Hannes Helgason, Daniel I Chasman, Lynda M Rose, Po-Ru Loh, Robert A Scott 1, Agnar Helgason, Augustine Kong, Gisli Masson, Olafur Th Magnusson, Daniel Gudbjartsson, Unnur Thorsteinsdottir, Julie E Buring, Paul M Ridker, Patrick Sulem, Kari Stefansson, Ken K Ong, John R B Perry. "Physical and neurobehavioral determinants of reproductive onset and success." *Nature Genetics.* 2016 Jun;48(6):617-623. doi: 10.1038/ng.3551.

11 Julian Baggini. "Do your genes determine your entire life?" *The Gurardian.* 2015 Mar 19. https://www.theguardian.com/science/2015/mar/19/do-your-genes-determine-your-entire-life.

12 Divya Mehta, Dagmar Bruenig, John Pierce, Anita Sathyanarayanan, Rachel Stringfellow, Olivia Miller, Amy B Mullens, Jane Shakespeare-Finch. "Recalibrating the epigenetic clock after exposure to trauma: The role of risk and protective psychosocial factors." *Journal of Psychiatric Research.* 2022 May;149:374-381. doi: 10.1016/j.jpsychires.2021.11.026.

13 Alexander Weiss, Timothy C Bates, Michelle Luciano. "Happiness is a personal(ity) thing: the genetics of personality and well-being in a representative sample." *Psychological Science.* 2008 Mar;19(3):205-210. doi: 10.1111/j.1467-9280.2008.02068.x.

14 Nancy L. Segal, Yoon-Mi Hur. "Personality traits, mental abilities and other individual differences: Monozygotic female twins raised apart in South Korea and the United States." *Personality and Individual Differences.* 2022 Aug;194:111643. doi: 10.1016/j.paid.2022.111643.

15 Nancy L. Segal, Franchesca A. Cortez. "Born in Korea-adopted apart: Behavioral development of monozygotic twins raised in the United States and France." *Personality and Individual Differences.* 2014 Nov;70:97-104. doi: 10.1016/j.paid.2014.06.029.

16 Nicholas Kenyon. *The Faber Pocket Guide to Mozart.* 2011 Jan 1. ISBN-13: 9780571273720.

17 Philip L Roth, Craig A BeVier, Fred S Switzer III, Jeffery S Schippmann. "Meta-Analyzing the Relationship Between Grades and Job Performance." *Journal of Applied Psychology.* 1996;81(5):548–556. doi: 10.1037/0021-9010.81.5.548.

해결편 1

1 Helen Taylorcorresponding, Martin David Vestergaard. "Developmental Dyslexia: Disorder or Specialization in Exploration?" *Frontiers in Psychology.* 2022 Jun 24;13:889245. doi: 10.3389/fpsyg.2022.889245.

2 Muhammad Arshad, Michael Fitzgerald. "Did Michelangelo(1475-1564) have high-functioning autism?" *Journal of Medical Biography.* 2004 May;12(2):115-120. doi: 10.1177/096777200401200212.

3 Thomas H. Davenport, Jeanne Harris, Jeremy Shapiro. "Competing on Talent Analytics." *Haravard business review.* 2010 Oct. https://hbr.org/2010/10/competing-on-talent-analytics.

4 Siri Hustvedt. "A woman in the men's room: when will the art world recognise the real artist behind Duchamp's Fountain?" *The Guardian.* 2019 Mar 29. https://www.theguardian.com/books/2019/mar/29/marcel-duchamp-fountain-women-art-history.

5 Samuel P. Fraiberger, Roberta Sinatra, Magnus Resch, Christoph Riedl, Albert-László Barabási. "Quantifying reputation and success in art." *Science.* 2018 Nov 8;362(6416):825-829. doi: 10.1126/science.aau7224.

해결편 2

1   George W Burns. *Happiness, Healing, Enhancement: Your Casebook Collection For Applying Positive Psychology in Therapy.* 2009 Nov 25. Wiley. ISBN-13: 978-0470291153.

2   Ryan M Niemiec, Robert E McGrath. *The Power of Character Strengths: Appreciate and Ignite Your Positive Personality.* 2019 Feb 27. VIA Institute on Character. ISBN-13: 978-0578434292.

해결편 3

1   Martin E P Seligman, Tracy A Steen, Nansook Park, Christopher Peterson. "Positive psychology progress: empirical validation of interventions." *American Psychologist.* 2005 Jul-Aug;60(5):410-421. doi: 10.1037/0003-066X.60.5.410.

2   Marc J Lerchenmueller, Olav Sorenson, Anupam B Jena. "Gender differences in how scientists present the importance of their research: observational study." *British Medical Journal.* 2019 Dec 16;367:l6573. doi: 10.1136/bmj.l6573.

3   Christine L Exley, Judd B Kessler. "The Gender Gap in Self-Promotion." *The Quarterly Journal of Economics.* 2022 Aug;137(3):1345–1381. doi: 10.1093/qje/qjac003.

4   Tomas Chamorro-Premuzic. "Why Do So Many Incompetent Men Become Leaders?" *Harvard Business Review.* 2013 Aug 22. https://hbr.org/2013/08/why-do-so-many-incompetent-men.

5   Michael J Rouse, Sandra Rouse. *Business Communications: A Cultural and Strategic Approach.* Cengage Learning EMEA. 2001 Sep 20. ISBN-13: 978-1861525444.

6   Leslie K. John. "Savvy Self-Promotion: The Delicate Art and Science of Bragging." *Harvard business review.* 2021 May–Jun;99(3):145–148.

7   Jeffrey Pfeffer, Christina T Fong, Robert B Cialdini, Rebecca R Portnoy. "Overcoming the self-promotion dilemma: interpersonal attraction and extra help as a consequence of who sings one's praises." *Personality and Social Psychology Bulletin.* 2006 Oct;32(10):1362-1374. doi: 10.1177/0146167206290337.

8   Max H Bazerman, Margaret A Neale, Kathleen L Valley, Edward J Zajac, Yong Min Kim. "The effect of agents and mediators on negotiation outcomes." *Organizational Behavior and Human Decision Processes.* 1992 Oct;53(1):55-73. doi: 10.1016/0749-5978(92)90054-B.

9   Vanessa K. Bohns. "(Mis)Understanding Our Influence Over Others: A Review of the Underestimation-of-Compliance Effect." *Current Directions in Psychological Science.* 2016 Apr 6;25(2):119-123. doi: 10.1177/0963721415628011.

10 Phillip R Kunz, Michael Woolcott. "Season's greetings: From my status to yours." *Social Science Research.* 1976 Sep;5(3):269-278. doi: 10.1016/0049-089X(76)90003-X.

11 Ryan M Niemiec. *Mindfulness and Character Strengths: A Practical Guide to Flourishing.* Hogrefe Publishing. 2013 Jun 1. ISBN-13: 978-0889373761.

12 Seong C Yeon, Young K. Kim, Se J Park, Scott S Lee, Seung Y. Lee, Euy H Suh, Katherine A Houpt, Hong H Chang, Hee C Lee, Byung G Yang, Hyo J Lee. "Differences between vocalization evoked by social stimuli in feral cats and house cats." *Behavioural Processes.* 2011 Jun;87(2):183-189. doi: 10.1016/j.beproc.2011.03.003.

13 Nicholas Nicastro. "Perceptual and acoustic evidence for species-level differences in meow vocalizations by domestic cats(Felis catus) and Af-

rican wild cats(Felis silvestris lybica)." *Journal of Comparative Psychology.* 2004 Sep;118(3):287-296. doi: 10.1037/0735-7036.118.3.287.

마치며_현대 사회는 '생각보다' 희망적이다

1 Dong Liu, Roy F. Baumeister. "Social networking online and personality of self-worth: A meta-analysis." *Journal of Research in Personality.* 2016 Oct;64:79-89. doi: 10.1016/j.jrp.2016.06.024.

2 Rocio Lorenzo, Martin Reeves. "How and Where Diversity Drives Financial Performance." *Harvard business review.* 2018 Jan 30. https://hbr.org/2018/01/how-and-where-diversity-drives-financial-performance.

어능의 발견

초판 1쇄 인쇄 2024년 3월 20일
초판 1쇄 발행 2024년 3월 25일

지은이 스즈키 유 | **옮긴이** 송해영
펴낸이 오세인 | **펴낸곳** 세종서적(주)

주간 정소연 | **편집** 김윤아
표지 디자인 어나더페이퍼 | **본문 디자인** 김미령
마케팅 김연주 | **경영지원** 홍성우
인쇄 탑 프린팅 | **종이** 화인페이퍼

출판등록　　1992년 3월 4일 제4-172호
주소　　　　서울시 광진구 천호대로132길 15, 세종 SMS 빌딩 3층
전화　　　　(02)775-7011
팩스　　　　(02)776-4013
홈페이지　　www.sejongbooks.co.kr
네이버 포스트　post.naver.com/sejongbooks
페이스북　　www.facebook.com/sejongbooks
원고모집　　sejong.edit@gmail.com

ISBN 978-89-8407-851-2　(03320)

· 잘못 만들어진 책은 바꾸어드립니다.
· 값은 뒤표지에 있습니다.